퇴사 후
나를
브랜딩합니다

퇴사 후 나를 브랜딩합니다

커밍쏜 지음

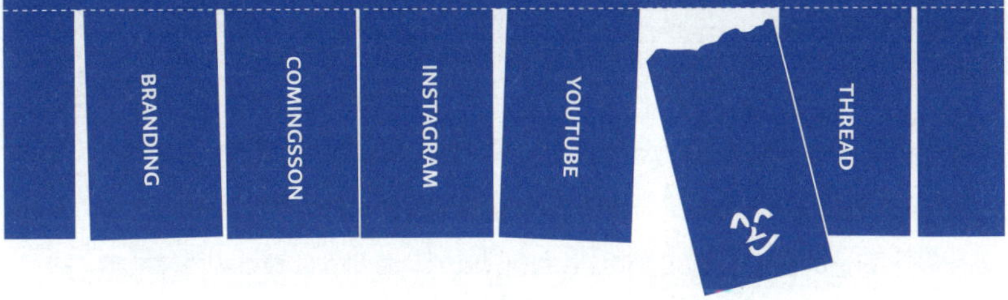

BRANDING · COMINGSSON · INSTAGRAM · YOUTUBE · THREAD

내 인생의 주인공이 되어 기회와 수익을 극대화하는 법

RHK
알에이치코리아

이 책을 먼저 읽은 분들의 추천

퇴사를 마음먹고 '내일부터는 내 일을 할 거야.'라고 생각하지만 '어떻게'를 생각하는 순간 혼란에 빠진다. 어쩌면 정보가 너무 많아서 길을 찾기가 더 힘들어졌다. 이런 현실에서 저자인 커밍쏜은 자신만의 길을 만들어 냈다.

그는 퇴사 후 3년 동안 자신을 브랜딩했다. 0에서 시작해서, 1이 아니라 0.1씩이라도 꾸준히 쌓아 올렸다. 그 가운데 여러 시행착오가 당연히 따라왔고, 그 속에서 자기 자신을 단단하게 만들고 더 높게 쌓아 올린 생생한 노하우가 바로 이 책에 담겨 있다. 단순히 요즘 유행하는 퍼스널 브랜딩의 종류를 나열한 책과는 다르게 콘텐츠를 만들면서 신뢰를 쌓고, 팬이 모이고, 결국 스스로의 이름으로 수익 파이프라인을 만든 '진짜 퍼스널 브랜딩'의 기록이다.

AI로 인해 어떤 일을 해야 할지 걱정되고 두려운 시대다. 송길영 박사의 '경량문명'이라는 말처럼 기업은 점점 더 작은 규모로 변해갈 것이니, 개인이 살아남으려면 반드시 퍼스널 브랜딩이 되어야 한다. 무엇보다 저자는 자유롭다. 직접 만든 영상에서 스스로 말하듯이 자기 인생의 주인공으로 살기 시작했다. 이런 저자처럼 살고 싶은 모든 이에게 이 책을 권한다.

_한석준, 아나운서, 《한석준의 대화의 기술》 저자

브랜딩의 핵심은 기술도 중요하지만 태도다. 이 책은 그 사실을 분명하게 알려준다. 진정성과 꾸준함으로 자신을 증명하는 힘, 실패조차 다른 시야로 바라보고 브랜드의 일부로 만드는 저자의 시선이 인상 깊다. 페이지를 넘기면 넘길수록, 스스로의 방향을 잃지 않고, 인생의 핸들을 다시 쥐는 감각이 생생히 전해진다. 이 책은 단순한 자기계발서가 아닌, 나라는 이름으로 살아가기 위한 철학의 책이다. 결국 브랜드란 멈추지 않는 마음의 흔적임을 깨닫게 한다. 1인 브랜딩을 시작하는 모든 사람에게 일독을 권한다.

_주언규, 《혹시, 돈 얘기해도 될까요?》 저자

질투 나게 잘 썼다. 읽어본 수천 권 중 평범한 사람이 SNS로 브랜딩하고 돈 버는 법을 가장 정확히 알려주는 책이다. 500만 원짜리 강의도 이 책 한 권만 못하다. 여기에 적힌 방법론은 당신이 이 글을 보는 지금 100% 유효하다. 비록 지금은 평범하지만, 앞으로는 특별한 인생을 살고 싶은가? 이 책을 절대 놓치지 마라. 내 인생의 주도권을 되찾을 기회다.

_북토크(이찬양), 38만 유튜브 크리에이터, 비전빌더스 대표

이 책을 먼저 읽은 분들의 추천

1인 브랜딩을 위한 가장 완벽한 지침서다. 본인이 가지고 있는 가치를 복리로 상승시키고 싶다면, 흔들림 없는 탄탄한 브랜드를 구축하고 싶다면 여기에 답이 있다. 목표와 방향에 상관없이 브랜딩에 대해 고민하고 있는 사람이라면, 이 책이 매우 유용할 것이라고 확신한다.

_자끔, 50만 유튜브 크리에이터

3년 전 이상한 사람을 만났다. 내가 주인공이 되는 삶을 살고 싶다며 모두가 우러러보는 대기업을 퇴사한 남자였다. 그는 매일 세상에 메시지를 던지며 누구보다도 꾸준히 나아갔고, 결국 '내가 주인공이 될 수 있다'는 것을 증명해 냈다.
3년이 지난 지금, 그가 쌓아온 모든 노하우와 시행착오가 한 권의 책으로 완성되었다. 이 책은 단순히 콘텐츠를 만드는 법이 아니라, '나를 어떻게 세상에 드러낼 것인가'에 대한 깊은 통찰을 담고 있다. 퍼스널 브랜딩을 시작하는 사람에게 이 책은 필독서가 되어야 한다.

_리치파카(강연주), 《부자들의 서재》 저자, 17만 인플루언서

학교에서 학생들을 가르친 지 십여 년이 되다 보니, 청년들을 바라볼 때 나만의 기준이 생겼다. 그중 하나가 바로 '눈빛'이다. 3년 전, 나 역시 정체기라 느껴 새로운 도전으로 유튜브와 인스타그램을 시작했고, 그때 만난 이가 커밍쏜이었다.

이후 3년 동안 서로의 성장을 응원하며 지켜본 그는, 한결같은 눈빛으로 자신의 메시지를 꾸준히 전하며, 과거의 자신과 닮은 이들을 진심으로 돕고 있었다. 자신이 되고 싶은 모습을 타인에게도 바라는 사람, 그 진정성이야말로 커밍쏜이 잘될 수밖에 없는 이유다. 그의 꾸준함과 성장은 이 책을 통해 독자들에게도 깊은 울림을 전할 것이다.

_이영선, 로체스터 대학교 경영대 교수, 《운명을 바꾸는 말하기 수업》 저자

나는 구글 본사 글로벌커뮤니케이션 디렉터로 승승장구하다가 빅테크 기업의 대량 해고 때 회사를 떠나야 했다. 전혀 준비되지 않은 상태에서 맞이한 소속감의 급격한 변화는 큰 충격이었다. '구글'이라는 레터링 없이 나를 어떻게 소개할 것인가? 나의 정체성은 무엇인가? 내 이름으로 살아간다는 것은 어떤 의미일까? 이런 질문을 수없이 스스로에게 던졌다.

이 책을 먼저 읽은 분들의 추천

그래서인지 저자의 경험과 인사이트가 담긴 이 책의 한마디 한마디가 깊이 와닿았다. 저자 역시 퇴사 후 불안과 시행착오 속에서 자신만의 브랜드를 세워 갔고, 이 책에서 그 과정을 솔직하고 담담하게 들려준다. "나도 그랬어요."라는 것만으로도 큰 위로가 된다. 더 나아가 저자의 경험에서 나온 방법과 전략을 구체적인 실천 지침으로 알려주어 '나도 할 수 있겠다'는 용기와 에너지까지 준다. 이 책은 비트윈잡스(일과 일 사이) 시기를 겪는 많은 이에게 든든한 친구 같다.

_로이스 김(정김경숙), 전 구글 글로벌 커뮤니케이션 디렉터

이 책은 크리에이터라면 누구나 겪는 브랜딩의 혼란, 팬덤의 갈증, 진정성과 수익화의 균형을 날카롭게 짚어내면서도, 동시에 앞으로 나아갈 길을 명확히 제시한다. 커밍쏜은 화려한 말보다 치열한 실행과 수많은 실패, 그리고 다시 일어선 경험을 토대로 이야기하기에 무게감이 다르다. 단순한 이론이 아니라 실제 현장에서 체득한 통찰을 전하기 때문에, 지금 막 시작하려는 이에게는 든든한 길잡이가 되고, 이미 도전 중인 이에게는 다시 나아갈 용기를 주는 퍼스널 브랜딩의 진짜 나침반이 될 것이다. _올리버여행기, 인스타 66만, 유튜브 10만 인플루언서

평생직장은 죽었다. 이제는 회사 명함이 아니라 내 이름이 브랜드가 되는 시대다. 커밍쏜은 그걸 증명했다. 직장인이라는 한계를 벗어났고, 이름 하나로 시장을 새로 썼다.

이 책은 인생 리셋 버튼이다. 버튼을 누르는 순간, 당신의 커리어는 더 이상 회사의 소유가 아니다. 3년의 내공이 녹아들어 있기 때문에, 당신의 경험을 자본으로 바꾸는 방법이 담긴 유일한 실전서라 할 수 있다.

퇴사 앞에서 망설이는가. 이 책을 펼치는 순간, 그 망설임이 끝난다. 나 역시 커밍쏜이 보여준 길을 따라 퇴사를 했고 나라는 브랜드를 만들었다. 나에게 그는 직장 밖 생존의 항로도였다. 평생의 은인이다.

_커리어노마드 망형(이희망), 커넥티파이 대표

이 책을 먼저 읽은 분들의 추천

프롤로그

브랜딩으로 인생을 바꾼다는 말, 믿기 힘들다고 느끼는가?

퍼스널 브랜딩이라는 말을 들으면 어떤 생각부터 드는가? 어려운 것, 모호한 것, 허세, 과대포장, 사기…. '시기를 잘 탄' 사람들이 '자기 상품을 팔기 위해' 만든 뻔한 성공담 정도로 여기는 이도 있다. 누구는 퍼스널 브랜딩이 이미 유행이 지났다고 말한다. 실제로 2021년에서 2022년까지 쏟아지던 전자책, 온라인 강연 광풍은 몇 년이 지난 지금 많이 사그라들었다.

그런데 나는 그 '퍼스널 브랜딩'이라는 것으로 인생을 바꾼 사람이다. 취준생 시절 쏜군tv라는 게임 유튜브 채널을 4만까지 키운 다음 이를 이력으로 삼아 대기업에 입사했고, 안정적인 일자리를 박차고 나온 뒤에는 커밍쑨 채널을 열어 퍼스널 브랜딩 전문가로 일하고 있다. 유튜브 채널을 운영하고, 강연을 하고, 전자책을 내고, 컨설팅을 진행하고, 커뮤니티를 이끈다. 몸값은 직장인 때에 비해 10배 이상으로 뛰었다. 이는 나에게만 한정된 성과가 아니다. 지난 3년간 100명 이상을 직접 컨설팅해 왔고 그들은 4만, 5만 구독자 채널을 만들어 성과와 수익을 연달아 갱신 중이다.

사람들은 유튜브로 인생을 바꾸려면 구독자가 최소 50만, 100만은 필요하다고 믿는다. 하지만 내 유튜브 채널은 약 10만 명이다.

"구독자 10만 명 가지고 무슨 컨설팅이야." "그 구독자로 먹고 살 수는 있나?"

실제 내 유튜브 채널, 스레드 등에 이렇게 비아냥대는 댓글이 꽤 자주 달린다. 정기적으로 달린다 표현해도 될 정도다. 하지만 난 이 부분 때문에 더욱 퍼스널 브랜딩을 이야기해야 한다고 생각한다.

정말 삶을 바꾸는 데는 50만 명이 필요한 걸까? 아니다. 나는 1만 명, 아니 그보다 적더라도 충분하다고 믿는다. 실제로 내가 첫 수익화를 하고, 삶의 변화가 체감됐던 것은 1만 명 이전이었다. 내 수강생 중에도 채널 구독자가 1만 명 이하인 분들이 있다. 숫자만 놓고 보면 유튜브 세상에서 많다고 말하기 어려운 구독자다. 하지만 그들 역시 자신의 상품과 서비스를 만들고, 브랜드 협업 제안을 받으며 지금까지와 전혀 다른 삶을 만들어 가고 있다.

수많은 플랫폼이 생겨나고 생산자가 등장하면서 더 이상 구독자 수가 내 가치를 보장하지 않는다. AI가 고급 정보를 출력해 주니 정보성 콘텐츠도 넘쳐난다. 알고리즘을 타고 팔로워가 늘어도 실제 수익으로 이어지지 않는 경우가 허다하다.

반면 나는 나를 깊이 이해하고 지지하는 100명, 1,000명을 모아 더 큰 기회와 수익을 만들 수 있음을 찐하게 경험했다. 지금은 크기가 아니라 밀도가 중요하다. 오히려 단순히 의미 없이 숫자만 불리는 것은 나라는 1인 브랜드의 수명을 짧게 만드는 일이다.

그리고 이 책에 어떻게 '나여야만 하는 사람들'을 만들 수 있는지에 대한 실제 경험과 검증된 방법을 모두 담았다.

내 이야기는 이렇다

30살. 나는 회사원이었다. 겉으로는 대기업에 다니며 안정된 길을 걷고 있었다. 매달 꼬박꼬박 들어오는 월급과 성과급, 보장된 커리어. 하지만 속으로는 언제든 대체될 수 있다는 불안이 매일 나를 흔들었다.

어느 날이었다. 출근길에 허겁지겁 뛰어가고 있는데 자주 지나치던 삼성역 카페에서 어떤 풍경이 눈에 들어왔다. 창가에 앉아 노트북을 켜놓고 일하는 사람들이었다. 그들은 자신의 루틴에 맞춰 하루를 시작하고 있었다. 미소를 띠고 있었고, 여유로움이 느껴졌다. 그 모습이 나를 멈춰 세웠다.

당시 SNS 알고리즘에도 그런 자유로운 삶을 사는 크리에이터들이 하나둘씩 등장할 때였다. 멋있었다. 빛나 보였다. 지하철로 출근할 때면 그들의 콘텐츠를 봤다. 주말 아침을 그들의 기록으로 시작했다. 회사 밖에서 브랜드가 되어갈 나를 그려 봤다. 솔직히 말하면, 질투가 났다.

'나도 저 사람들처럼 나를 응원하는 팬이 있다면 얼마나 좋을까.'
'내가 원하는 장소에서 자유롭게 일하고 싶다.'

하지만 동시에 스스로를 주저앉혔다. 저 사람들은 특별한 재능이 있었겠지. 때를 잘 맞췄어. 나는 늦었어. 그렇게 생각하며 내가 시작하지 못하는 상황을 합리화했고, 시작하지 않아도 되는 이유를 납득시켰다. 그렇게 도전을 무기한 연기했고, 회사가 주는 월급에 점점 익숙해져 갔다.

그러던 어느 날, 문득 호기심이 생겼다. '이 사람들의 시작은 어땠을까? 처음부터 어마어마했겠지?' 내가 원하는 삶을 살아가는 롤 모델의 첫 영상들을 찾아보게 되었다. 화질은 흐릿했고, 목소리는 떨렸으며, 편집은 서툴렀다. 예상하지 못했던 모습이었다. 내가 생각했던 '처음부터 특별했던 사람'은 어디에도 없었다. 누구나 그렇듯 어설픔만이 있을 뿐이었다.

그 순간 깨달았다. 내가 지금까지 해 왔던 생각은 핑계에 불과했다. 그렇다면 나도 할 수 있지 않을까. 늦지 않았다. 나도 평범했지만, 내 인생에서만큼은 주인공이 될 수 있었다.

그래서 브랜딩으로 뭐가 바뀌었는데?

퇴근 후 두 시간씩 낡은 노트북을 켰다. 편집 기술도 없었고, 촬영 장비도 없었다. 하지만 상관없었다. 왜 이걸 시작하는지, 어떤 삶을 살고 싶은지 끊임없이 되물으며 키보드를 두드렸다. 그렇게 커밍쏜coming sson이라는 이름을 붙였다. 커밍쏜과 내 영어 이름 쏜을 합쳐, '곧 내가 주인공이 되는 시간이 온다'는 의미였다.

그렇게 1인 기업으로 산 지 3년이 넘었다. 그리고 내 삶은 완전히 달라졌다. 그동안 나는 유튜브에 480개의 영상을 올렸다. 100,000명의 구독자가 모였고, 총 27,542,859회 콘텐츠를 봐 줬고, 총 824,000시간 동안 시청되었다. 그뿐만 아니라 인스타그램, 스레드, 뉴스레터를 통해 추가로 연결된 사람들은 16만 명이다.

프롤로그

가장 큰 변화는 돈의 의미다. 지금의 나는 단돈 100만 원을 벌더라도 직장인일 때와 의미가 달라졌다. 회사를 다녔을 때의 월급은 '나'라는 사람에게 주어진 것이 아니었다. 조직에서 나온다면 사라질 돈이었다. 그런데 지금은 나를 보기 위해 사람들이 온다. 이미 나를 신뢰하는 사람들에 의해 수익이 만들어진다. 같은 일을 하더라도 나에 대한 이해와 존중이 있기 때문에 훨씬 수월하고 좋은 결과물이 나온다.

지금 나는 10개의 파이프라인을 가지고 있다. 유튜브 브랜딩 컨설팅, VOD, 전자책, 커뮤니티, 강연 같은 일들이다. 내가 쉬고 있을 때도, 여행 중일 때도 콘텐츠는 나를 퍼뜨린다. 그렇게 한 달에도 몇 번씩 월급이 들어온다. SNS에서 돈다발을 전시할 만큼 어마어마하게 벌지는 않지만, 내가 원하는 삶을 살 만큼은 충분하다.

덕분에 지금은 노트북 한 대를 갖고 원하는 시간 원하는 장소에서 일하고 있다. 이 책이 출간된 후에는 이탈리아로 떠날 것이다. 이것이 불과 3년 만에 이뤄낸 결과다.

이렇게 나와 상관없는 불특정 다수가 아니라, 나를 필요로 하고 내 가치를 인정하는 사람으로부터 돈도, 기회도 생겨난다. 문제는 단 하나다. 우리가 세상이 나를 발견할 수 있도록 스스로를 표현하고 드러냈느냐는 것이다.

이 책에 담긴 내용들

책에 개인의 경험과 구체적인 브랜딩 방법론 중 어느 것을 더 많이 담을지를 계속해서 고민했다. 어느 하나라도 빠지면 껍데기 같은 말만 늘어놓는 것이라 생각했기에, 결국 내가 1인 기업이 되기까지의 과정과 당신이 따라 할 수 있는 구체적인 방법까지 모두 담았다. 책의 어디를 펼쳐도 도움이 되도록 구성하였으니 필요한 부분을 먼저 읽어도 좋다.

1장에서는 새로운 브랜딩 환경을 말한다. 조회수, 팔로워 수와 상관없이 관계를 기준으로 삼아 브랜딩해야 하는 이유를 적었다. 이 방법이야말로 쏟아지는 콘텐츠 속에서 차별화되며, 몇 개월이나 1년 미만이 아니라 오래 브랜딩할 수 있는 방법이라 믿는다.

2장에서는 구체적으로 진정성 있는 브랜드를 만드는 법을 적었다. 진정성 있는 메시지가 중요하다는 말은 모두가 한다. 그래서 그걸 어떻게 찾는지, 어떻게 신뢰를 얻는지 직접 여러 가설을 검증해 보고 정리해 담았다.

3장에서는 팬이 모이고 수익이 만들어지는 콘텐츠의 비밀을 정리했다. 유입을 위한 콘텐츠, 밀도를 만드는 콘텐츠, 팬들에게 유료 상품을 제안하는 콘텐츠가 어떻게 다른지, 이를 어떻게 전략적으로 사용해야 하는지 담았다.

4장에서는 내가 브랜딩 감각을 키워 온 과정을 담았다. 초보 콘텐츠 생산자로서 잘못 생각했던 점과 오해했던 점을 적었다. 그동안의 실패 기록과 전략의 변화를 담았기에 이제 시작하는 분들께 생생한 인사이트가 될 것이다.

5장에서는 보다 구체적인 방법론을 다뤘다. 트렌디한 소재를 찾는 법, 신뢰감을 주도록 콘텐츠를 설계하는 법, 팬을 만드는 스토리텔링 등이다.

6장에서는 수익화를 다뤘다. 수익화를 하면 팬들이 떠난다고 생각하기 쉬운데, 내가 첫 수익화를 어떻게 했는지, 수익화가 오히려 선순환을 만들도록 파이프라인을 구축한 법, 더 이상 내가 후킹 위주의 콘텐츠를 만들지 않는 이유를 적었다.

7장에서는 1인 브랜드로 사는 삶에 대해 적었다. 자꾸만 허물어지려는 마음을 어떻게 다잡는지, 길게 가기 위해 어떤 마인드를 가져야 하는지, 우리가 왜 스스로를 브랜딩해야 하는지를 담았다.

당신이 퇴사를 꿈꾸는 회사원이든, 프리랜서든, 이미 1인 기업가로 일하고 있든 상관없다. 중요한 것은 자기 삶의 주인공이 되겠다는 선택이다. 나 역시 용기 있는 작은 시도 하나로 출발했다. 그 작은 시작이 지금의 길을 만들었다.

이 책을 선택했고 여기까지 읽은 당신이라면, 아마도 '주인공이 되는 삶'을 살고 싶다는 생각이 있을 것이다.

다음 페이지로 넘어가기 전 잠시 상상해 보자.

3년 뒤, 나는 어떤 모습으로 서 있을까?

내 삶의 주도권을 가지고 있을까? 내가 일하는 시간과 장소를 스스로 선택할 수 있다면 어떤 기분일까?

만약 그 질문에 가슴이 뛰기 시작한다면, 먼저 축하한다는 말을 전하고 싶다. 그것은 이미 당신에게도 가능성이 있다는 뜻이니까.

이제 페이지를 넘겨 보자. 평범한 직장인이었던 내가 퇴사 후 스스로를 브랜딩하며 삶을 바꿔나간 솔직한 이야기와, 그 과정에서 얻은 수많은 노하우가 당신을 기다리고 있다.

주인공의 삶을 살고 있는

커밍쏜

목차

이 책을 먼저 읽은 분들의 추천   4
프롤로그 브랜딩으로 인생을 바꾼다는 말, 믿기 힘들다고 느끼는가?   11

첫 번째 격파
완전히 바뀐 브랜딩

'뾰족한' 콘텐츠를 올려도 반응이 없다   29
구독자와 팔로워 수의 종말   35
팔로워가 늘어도 삶은 바뀌지 않는다   40
더 많이 공유하지 않으면 사라진다   47
수동적 수익과 능동적 수익   53
요즘 것들이 몸값을 높이는 공식   59

두 번째 격파
진정성을 설계하는 법

초보자라는 것이 가장 큰 무기다	71
내 안에 잠든 주제를 깨워라	76
나의 '계기'가 찐팬들을 모은다	87
진정성은 나의 '결핍'에 집중할 때 발견된다	92
내 이야기가 진정성 있게 들리는 방법	97
비전이 공허해지지 않기 위한 조건	103

세 번째 격파
사람을 모으는 콘텐츠

트래픽을 팬층과 수익으로 바꾸는 비밀	113
단순히 정보만 제공해서는 안 되는 이유	117
내 상품을 부담 없이 제안하는 법	123
지금 바로 뉴스레터를 시작해야 하는 이유	129
책 출간 한 달 전, 계약 해지 통보를 받다	136

네 번째 격파
지금 시작해야 하는 이유

내가 했으면 당신도 할 수 있다	**147**
올리다 보면 언젠가 터진다는 착각	**156**
30살에 대기업을 퇴사한 이유	**163**
나보다 잘하는 사람의 말을 들어라	**168**
쌓인 신뢰가 오프라인으로 나온 순간	**174**
소속이 사라지자 내 이름이 보였다	**178**

다섯 번째 격파
노력해도 반응이 없는 이유

들인 노력만큼 성과를 얻는 법	**189**
사람들의 눈에 띌 수 있는 트렌드 챙기기	**194**
기억되는 콘텐츠가 갖는 5가지 특징	**201**
정보만 얻고 가는 사람을 잡아 두는 법	**209**

여섯 번째 격파
응원받는 수익화

첫 수익화의 문이 열리다	**217**
초보자였던 나에게 사람들이 돈을 쓴 이유	**226**
크리에이터와 1인 기업의 차이	**234**
커뮤니티가 내 비즈니스를 성장시키도록 하는 법	**242**
전자책 팔이, 강의 팔이라 불러도 괜찮은 이유	**251**
내가 후킹 위주의 콘텐츠를 만들지 않는 이유	**266**

일곱 번째 격파
1인 기업가로 산다는 것

자유가 독이 되던 시간을 이겨낸 방법	**277**
네트워킹이라는 말에 숨겨진 함정	**283**
비교를 내려놓으니 성장이 찾아왔다	**291**
단 1명을 감동시키면 생기는 일	**298**
혼자서도 충분히 살아남을 수 있는 시대	**305**

에필로그 지금 당신에게 의미 있는 일   **310**

조회수 1,000회부터 100만 회까지

약 1,600개 콘텐츠를 만들고 알게 된

한 가지가 있다.

눈에 띄는 조회수 크기보다

눈에 보이지 않는 무게가 중요하다는 것.

무슨 소리냐고?

조회수 100만 회가 나와도

콘텐츠를 만든 목적이 없다면 의미가 없다.

성과로 이어지지 않는다.

잠깐 기분 좋을 뿐 내 인생은 변하지 않는다.

하지만 1,000회가 나와도

콘텐츠를 만든 목적이 분명하면

반응이 달라진다.

내게 공감하는 사람들이 모인다.

목적이 분명해야 숫자에 의미가 생긴다.

그렇게 '나'라는 브랜드가 지속 가능해지게 된다.

첫 번째 격파

완전히 바뀐 브랜딩

브랜딩을 둘러싼 편견은 대개 숫자에서 출발한다.
그 프레임을 벗어날 수는 없을까?
진짜 수익을 만드는 관계란 무엇일까?

'뾰족한' 콘텐츠를 올려도 반응이 없다

　　권투선수 마이크 타이슨의 명언처럼, 누구나 한 대 맞기 전까지는 계획이 있다. 내 계획도 현실이라는 한 방을 맞기 전까지는 그럴싸해 보였다.
　　야심을 가지고 퇴사하던 날 당일, 친구들과 여행을 떠났다. 퇴사하고 혼자 집에 들어가면 생각만 많아질 것이라는 친구들의 배려 덕분이었다. 두 시간을 달려 바닷가 근처 숙소에 도착했다. 앞으로 잘될 거라는 떠들썩한 격려를 받고 나도 퇴사를 자축했다.
　　회사에 있을 땐 그렇게 여행이 가고 싶었는데 막상 밤바다를 봐도 시큰둥했다. 현실에 대한 걱정이 앞서 그 시간을 온전히 즐길 수 없었다. 친구들은 휴가가 끝나면 돌아갈 곳이 있지만, 나는 이제 돌아갈 곳이 없으니까. 소속이 없다는 데서 오는 불안감부터 돈 들어올 곳이 없는 통장 잔고까지 걱정이 내내 이어졌다.

그리고 역시나, 집으로 돌아오니 차가운 현실이 기다리고 있었다. 우선, 갑자기 찾아온 자유가 낯설었다. 출근 시간에서 1분이라도 지각하면 인사고과에 남는 회사와 달리 집에서는 오전 11시, 12시에 일어나도 지적하는 사람이 없었다. 거실 소파에서 빈둥대며 인스타그램 릴스와 유튜브 쇼츠를 보느라 몇 시간을 보내도 한마디 해 주는 사람이 없었다.

가끔 힙한 카페에 찾아가 인스타그램 스토리에 여유를 즐기는 모습을 보란 듯이 올렸다. 대낮의 햇살과 커피, 딱딱한 사무실과는 다른 감각적인 인테리어, 사진 프레임에 살짝 걸친 자기계발서. 동기들과 선배들이 부럽다고 답장을 보내면 기분이 좋아졌지만 금방 우울해졌다. 사실 내가 그들을 부러워하고 있었으니까. 상사가 시키는 일만 해도, 가끔은 쉬엄쉬엄해도 월급과 연차가 착착 쌓이는 회사와 달리 내가 아무것도 하지 않으면 아무 일도 일어나지 않는 것을 온몸으로 경험하고 있었다.

퇴사 전에는 비전이 명확해 보였다. 취준생 때 게임 채널을 만들어 4만 구독자까지 키우기도 했고 대기업 유튜브 담당자가 되어 기업 채널도 운영했으니 이 경험을 살려 개인이 퍼스널 브랜딩하는 법을 알려주는 유튜브를 만들기로 했다. 브랜딩으로 영향력을 키우고 파이프라인을 만들고 싶어 하는 사람은 많았다. 어떻게 시작해야 할지, 어떤 콘텐츠를 만들어야 할지조차 모르는 사람부터, 유튜브 채널을 운영하고 있지만 브랜딩을 하지 못한 사람까지 다양했다. 관련해 수많은 컨설팅과 강의가 쏟아지던 때였고, 나의 경험은 세상에 필요한 것이라 확신했다.

콘텐츠를 올리며 평범했던 내가 마치 인생의 주인공이 된 듯한 순간이 있었다. 취준생이 유명 행사에 초대받고, 나를 응원해 주는 사람들을 만났다. 그 경험을 고려해, 좋아하는 일을 통해 스스로를 브랜딩하면 누구나 자기 인생의 주인공이 될 수 있다는 메시지를 전하고자 했다. 그렇게 내 브랜드의 방향이 정해졌고 오랫동안 고민하던 채널명도 탄생했다.

영화가 끝날 때 화면에 뜨는 'coming soon'이라는 문구는 언제나 다음 이야기를 기대하게 만들고, 설레게 한다. 그 단어라면, 내가 전하고 싶은 '주인공이 되어야 한다'는 메시지를 담기에 충분했다.

    coming soon과 sson이 합쳐진 coming sson
    커밍쏜이 주인공이 되는 시간이 '곧' 온다
    '내가 주인공이 되는 시간이 커밍쏜'

이제 이 메시지를 바탕으로 영상을 올리면, 공감하는 사람이 모여 자연스럽게 컨설팅과 클래스 운영으로 확장할 수 있으리라 기대했다. 하지만 그 계획은 막상 현실과 부딪히자 금세 허물어지고 말았다.

기대감을 안고 유튜브와 인스타그램 두 개의 플랫폼부터 시작했다. 솔직히 말하면 유튜브부터 삐걱대기 시작했다. 그간의 기획 경험을 믿고 '가장 뾰족한 주제'라 생각한 콘텐츠를 올렸지만 반응이 기대에 못 미쳤다. 뭔가 분위기가 바뀌어 있었다.

가설을 검증하기 위해 서브 채널을 만들어 테스트 콘텐츠를 올렸다. 구글 트렌드와 유튜브 내 조회수 추이를 보며 데이터를 확인했다. **2022년 9월 기준, 퍼스널 브랜딩 관련 관심도는 2021년에 비해 확실히 식어 있었다.** 테스트 채널에서 '썸네일 잘 만드는 법', '소재 고르는 법' 같은 방법론을 공유해도 조회수가 500회를 넘기기 어려웠다. 예전이라면 몇만 회는 나왔을 법한 소재였는데 말이다. 취미로는 의미 있을 수 있지만, 업으로 삼기엔 부족했다.

유튜브에 대한 관심이 극에 달했던 시기는 코로나19 때문에 오프라인 시장이 무너졌을 때였다. 내가 회사에 다니며 내 일을 하고 싶다고 생각했던 시기가 바로 이때였다. 당시에는 '퇴근 후 30분만 투자하면 한 달에 300만 원 수입' 같은 후킹 광고들이 쏟아졌다. 그런 자극적인 광고를 보고 많은 사람이 개인 채널을 시작했지만, 투입한 시간에 비하면 기대 이하인 결과를 얻고 실망했으리라 추측할 수 있었다.

지금 상황에서 퍼스널 브랜딩을 알려주는 채널로 방향을 잡는다면 반응을 얻기 쉽지 않겠다고 판단했다. 그래서 우회하기로 했다. 퇴사를 한 상황이니 '퇴사'를 주제로 정하고, 퍼스널 브랜딩에 대한 노하우는 간접적으로 전달하기로 했다. '퇴사 후 후회하는 3가지'라는 영상을 만든다면 1번, 2번은 퇴사를 이야기하지만 마지막 3번은 꼭 브랜딩에 대한 내용으로 끝내는 식이었다.

그렇게 기획한 첫 콘텐츠가 커밍쑨 채널에 업로드되었다. 첫 콘텐츠의 조회수는 100회 미만이었다. 이후 점점 우상향해서 대략 1만 회까지는 올랐지만, 당시에는 기대보다 많이 낮았다.

다행히 인스타그램에서는 구체적인 유튜브 운영 방법을 배우고 싶어 하는 니즈가 아직 존재했다. 그때까지 인스타그램 콘텐츠를 한 번도 만들어 본 적이 없었지만, 당장 카드뉴스 만드는 법부터 검색해 봤다.

카드뉴스 첫 번째 장은 일종의 썸네일이다. 수많은 콘텐츠 중 선택될 수 있게끔 시선을 사로잡아야 했다. 두 번째 장에는 공감 포인트를 잡아야 했다. 클릭하고 들어온 사람이 이탈하지 않도록 공감 포인트를 먼저 보여 주고 스토리텔링으로 풀어내 몰입하게 만드는 방식이었다. 공부하면 공부할수록 유튜브든 인스타그램이든 콘텐츠의 본질은 비슷하다는 생각이 들었다.

포토샵을 다룰 줄 몰랐기에 무료 디자인 도구인 미리캔버스로 디자인 작업을 했다. 3시간 30분에 걸쳐 카드뉴스를 완성했다. 첫 콘텐츠 주제는 '직장인의 2대 허언'이었다. '유튜브 해야지'를 입버릇처럼 말하는 직장인이 공감할 수 있는 주제라고 판단했다. 스토리텔링을 통해 자연스럽게 유튜브 브랜딩 노하우도 공유했다.

두근거리는 마음으로 업로드 버튼을 클릭했다. 팔로워 0명인 계정에서 만들어진 반응은 처참했다. 이 콘텐츠의 방법과 방향이 맞다는 믿음이 있었지만 그것이 얼마나 빨리 성과로 나타날지에 대해서는 확신할 수 없었다. 만약 회사를 다니는 상태에서 부업으로 시작했다면 여유를 두고 지켜볼 수 있었을 터였다.

하지만 백수가 된 나에게는 그럴 만한 시간이 없었다. 이때부터 1인 브랜드가 걸리는 함정이란 함정은 다 걸려 허우적댔던 것 같다. 하지만 다행히도 나는 그 경험 속에서 빠져나올 방법을 하나씩 배워 갔다.

앞으로 내가 어떤 실수에 빠졌고, 그 함정을 어떻게 인식하고 극복했는지, 그리고 같은 길을 가려는 사람들에게 어떤 대안이 될 수 있는지 이야기하려 한다. 처음 겪는 시행착오를 마주할 1인 브랜드에게, 지난 3년간의 내 여정이 작은 힌트이자 길이 되었으면 한다.

구독자와 팔로워 수의 종말

커밍쏜이라는 이름으로 브랜딩을 해 온 지 3년 가까이 되었지만 최근 들어 더 절감하는 것이 있다. 이제는 단순히 정보를 공유하고 문제를 해결하는 것만으로는 브랜딩하기 어렵다는 점이다. 내가 유튜브를 처음 시작했던 2019년만 해도 정보를 전달하는 것으로 충분했다. 하지만 지금은 너도나도 정보를 공유한다. 전문가 자문 없이는 알 수 없던 고급 정보가 무료화되고 상향 평준화됐다.

그렇다면 우리는 어떻게 살아남을 수 있을까? 콘텐츠 업로드의 목적 자체가 달라져야 한다. 과거에는 구독자 수, 팔로워 수를 늘리는 게 목적이었다. 숫자가 곧 영향력이었기 때문이다. 하지만 분명 구독자 수의 시대는 끝나가고 있다. 더 이상 알고리즘은 구독자 수에 기반해 노출하지 않는다. 개별 시청자의 취향과 관심사에 따라 콘텐츠를 보여 준다.

틱톡의 체류 시간 증가만 봐도, 관심사 기반 노출 전략이 얼마나 강력한지 알 수 있다. 플랫폼은 크리에이터의 편이 아니다. 플랫폼은 사용자 체류 시간을 극대화하는 것이 목적이며, 이에 도움이 되는 콘텐츠를 선택할 뿐이다.

이 변화는 기존 크리에이터에게 충격적이다. 콘텐츠를 업로드했을 때 기존 구독자가 아닌, 처음 보는 사람이 시청할 확률이 점점 높아진다는 말이다. 반면 지금 콘텐츠로 자신을 브랜딩하려는 사람들에게는 오히려 기회라 할 수 있다.

이런 이유로 우리는 1인 브랜드로 살아가기 위해서는 관계에 집중해야 한다. 단순한 구독자라면 노출이 끊기는 순간 잊히지만, 관계가 형성된 사람은 검색해서라도 다시 찾아오고, 지인에게 공유한다. 문제는 구독자를 늘리는 방법은 넘쳐나도 관계를 형성하는 방법을 알려주는 이는 드물다는 점이다.

문제 해결 × 라이프스타일 제안

강력한 팬덤을 가진 브랜드들은 공통적으로 라이프스타일을 제안한다. 고프로는 액션카메라가 아니라 '평범한 하루도 모험처럼 기록하라'는 메시지를 판다. 온러닝은 러닝화를 넘어 도심 속 자유로운 러너의 삶을 보여 준다. 스노우피크는 캠핑 장비를 넘어 '자연 친화적 삶'을, 알로요가는 요가복을 넘어 '마음챙김과 웰니스'를 제안한다. 이처럼 브랜드들은 '무엇을 살 것인가'가 아니라 '어떻게 살 것인가'에 답한다.

1인 브랜드도 마찬가지다. 단순히 정보를 제공하는 콘텐츠는 대체된다. 반대로 개인적인 일상, 라이프스타일만 담으면 아무도 관심을 두지 않는다. 영향력이 없기 때문이다. 하지만 **문제를 해결하면서, 동시에 그 해결이 어떤 삶으로 이어지는지 보여 준다면** 분명한 차별성이 생긴다.

프롬프트 몇 줄이면 AI가 1분 만에 대본을 대신 써 주는 시대다. 양산형 콘텐츠들이 쏟아지고 있다. 바로 눈앞만 보면, AI로 만든 콘텐츠는 효율적으로 보일 수 있다. 하지만 정보만 나열된 콘텐츠는 결국 누구나 쉽게 복제한다. 언제든 대체된다. 반면 내가 직접 겪은 과정은 복제할 수 없다. 시간이 지날수록 차별성이 쌓이고 그것이 곧 브랜딩이 된다.

지금은 '정보 검색'의 시대가 아니라 '인간 검색'의 시대다. 클릭 몇 번이면 정보를 얻을 수 있기에 중요한 것은 정보가 아니라, 그 정보를 말하는 사람이 누구인지다.

그래서 나는 문제를 해결하는 콘텐츠에서도 의도적으로 퍼스널 브랜딩을 하며 삶이 어떻게 바뀌었는지까지 함께 전한다. 좋아하는 카페에서 작업하거나, 1인 기업가와 만나는 모습을 콘텐츠로 공유한다. 단순히 브랜딩 방법이 궁금한 사람들이 아닌 디지털 노마드라는 꿈을 꾸며 함께 성장하려는 사람들이 모이는 이유다.

실제로 커밍쏜 채널, 커뮤니티, 뉴스레터 구독자들은 모두 같은 라이프스타일을 원한다.

안녕하세요. 직장생활에 지쳐 있을 때 우연히 스레드 글을 보고 구독하게 되었고, 그 후 몇 달 동안은 예전처럼 하루하루를 회사에 맞춰 살았습니다. 그러다 최근 뉴스레터를 다시 확인하게 되었는데, 퇴사를 결심한 지금 읽으니 한 문장 한 문장이 더 깊게 와닿습니다.

퇴사할 용기를 내는 데 커밍쏜 님이 큰 영향을 주셨습니다!

아직 뚜렷하게 이뤄낸 것은 없지만, 시간이 걸리더라도 꼭 이루고 싶습니다. 늘 응원하는 마음으로 글 잘 읽고 있습니다.

이제 콘텐츠의 목적은 단순히 팔로워 수가 아니라, 내가 제안하는 라이프스타일에 공감하고 그런 삶을 함께 살고 싶어 하는 사람을 찾는 데 있다. 그렇게 관계가 쌓이면 자연스럽게 기회와 파이프라인도 따라온다.

팔로워가 늘어도
삶은 바뀌지 않는다

사실 커밍쏜 채널은 구독자에 비해서 조회수가 높은 편이 아니다. 일반적으로 유튜브에서 구독자 대비 10%가 평균 조회수라고 한다. 구독자가 10만 명이면 조회수 1만 회가 나오는 게 보통이라는 뜻이다. 하지만 내 콘텐츠 중에는 그 기준을 넘지 못하는 것도 많다. 조회수 크기만으로 판단할 땐 인기 없는 채널처럼 보일 수 있다.

실제로 이를 지적하는 댓글도 많이 달린다. "구독자가 10만인데 조회수는 평균 1만도 안 나오네. 망했네." "돈 못 벌어서 후회하는 중일 듯." 하지만 난 정말 사람들이 잘못 알고 있다고 말하고 싶다. 브랜딩으로, 그리고 자기 콘텐츠로 돈을 벌 수 있는 방법을 모르는 사람들이 정말 많은 듯하다.

유튜브뿐만 아니라 모든 플랫폼에서 조회수와 수입은 비례하지 않는다. 단순히 조회수 크기 게임이 아니다. 지금 중요한 것은 조회수가 적더라도 내 메시지에 공감하는 사람들이 보는지 여부다. 어떤 사람들이 내 콘텐츠를 보고, 그들이 뭘 느꼈고, 뭘 알게 되었는지에 따라 파이프라인이 하나씩 연결된다. 내가 한 것은 단순했다. 내 경험을 콘텐츠로 만들어 사람들을 도왔다. 라이프스타일을 보여줬다. 그리고 먼저 팔려고 하기보다 그들이 원하는 것을 상품과 서비스로 만들어 제공했을 뿐이다.

물론 조회수가 잘 나오면 좋다. 그리고 나 역시 이를 위해 꾸준히 분석하고 새로운 시도를 한다. 하지만 숫자를 단기간에 키우는 것은 목표가 아니다.

매 영상마다 '내가 어떻게 돈을 버는지', '얼마나 버는지'를 말하면 트래픽은 쉽게 올라갈 것이다. 실제로 그렇게 해서 몇십만 조회수를 터뜨린 적도 많다. 하지만 그 방식으로는 브랜드의 뿌리를 내릴 수 없다. 나는 그보다 브랜드의 '밀도'를 쌓는 것이 훨씬 중요하다고 생각한다.

구독자, 조회수가 중요하지 않은 이유

커밍쏜 채널 초창기에 유튜버 청담캔디언니 님을 만나 이야기를 나눈 적이 있다. 그때 이런 말을 들었다. "쏜 님, 더 이상 유명해지려고 하지 마세요. 구독자 5만 명 정도의 영향력이면 자기 일을 펼치기에 충분해요. 그 정도면 인생이 바뀌고도 남아요." 나는 이 말에 전적으로 동의한다.

2019년 처음 유튜브를 시작했을 때는 나도 조회수와 구독자 수를 높이는 데만 집중했다. 여러 방법을 시도하며 첫 1만 조회수를 달성했을 때의 감격이 아직도 생생하다. 당시 평균 조회수가 100회 남짓이었으니 1만 회는 믿기 어려운 숫자였다. 더 높은 조회수, 더 많은 구독자를 위해 매일 몰두했다. 당시 나는 숫자에 집착했고, 숫자의 크기가 곧 내 가치를 증명한다고 믿었다.

시간이 지나며 구독자 수와 조회수는 계속 올랐다. 이제 곧 '떡상'이 올 거고, 인생이 달라질 것이라 생각했다. 하지만 반응도가 올라가고 조회수가 10배, 20배가 돼도 내 인생에는 아무런 변화가 없었다. 오히려 허탈했다. 그렇게 애써 만든 숫자가 결국 아무 성과도 내지 못했기 때문이다. 어느 정도 콘텐츠를 만들어 쌓아 본 사람이라면 이 지점에서 공감할 것이다.

그러다 딱 한 가지를 깨닫고 모든 게 바뀌었다. 유튜브든 인스타든 스레드든 모든 콘텐츠는 그 자체가 목적이 아니라, 관계를 만드는 **수단**이라는 점이다. 지금 1인 브랜드를 시작하는 우리는 관계를 쌓기 위해 콘텐츠를 만들어야 한다. 그리고 그러기 위해 콘텐츠에는 세 가지가 반드시 담겨야 한다.

1. 나는 어떤 문제를 해결해 줄 수 있는 사람인가?
2. 어떤 경험을 가지고 있는가?
3. 어떤 메시지(가치관)를 전달하는가?

콘텐츠는 업로드되는 순간 수백, 수천 명에게 퍼진다. 그런데 단순히 정보만 담고 숫자만을 목적으로 만든 콘텐츠라면 어떻게 될까? 지금처럼 비슷한 정보가 넘쳐나는 상황에서는 소비만 되고 금세 잊힌다. 조회수가 1만, 10만, 100만이 나와도 내 삶이 바뀌지 않는 이유가 여기에 있다.

반대로 관계를 목적으로 한 콘텐츠라면 달라진다. 내가 해결할 수 있는 문제, 내가 가진 경험, 내가 전하고자 하는 메시지를 담는 순간 조회수는 단순한 숫자가 아니라 **나라는 브랜드를 알게 된 사람의 수**가 된다. 같은 1만 조회수라도, 누군가 내 경험에 공감하고 메시지에 끌려 다가온다면 인생이 달라질 기회가 생긴다.

실제로 커밍쏜 채널에서는 모든 콘텐츠에 이 세 가지를 담았다.

1. 나는 어떤 문제를 해결해 줄 수 있는가?
   ㄴ 퍼스널 브랜딩을 시작하고 싶은데 방법을 모르겠다면 내가 도와줄 수 있어.

2. 어떤 경험이 있는가?
   ㄴ 개인 채널과 기업 채널을 운영한 경험을 토대로, 지금은 퇴사 후 1인 기업가로서 다른 사람의 브랜딩을 돕고 있어.

3. 어떤 메시지를 전달하는가?
   ㄴ 내가 주인공이 되는 시간이 커밍쑨. 좋아하는 일로 나를 브랜딩하면 내가 내 인생의 주인공이 될 수 있다는 메시지를 전달하고 있어.

덕분에 400개가 넘는 콘텐츠 중 무엇을 보더라도 시청자는 내 의도대로 나라는 브랜드를 경험한다. 콘텐츠가 곧 나를 홍보하는 영업사원이 된 것이다. 이 영업사원이 퍼져 나가며 나를 필요로 하고, 내 메시지에 공감하는 사람들이 자연스럽게 모였다. 구독자 수가 적었을 때도 나는 숫자 이상의 의미를 만들 수 있었고, 인생을 빠르게 바꿀 수 있었다.

나뿐만 아니라 이미 수많은 분이 이렇게 콘텐츠에 자신의 브랜드를 담고 있다. 수강생 중 한 분인 해쏘현 님은 '재테크가 서툰 신혼부부'를 대상으로 콘텐츠를 만들었다.

1. 나는 어떤 문제를 해결해 줄 수 있는가?

ㄴ 재테크가 서툰 신혼부부를 대상으로 부동산, 주식 같은 재테크 고민을 해결해 줄게.

2. 어떤 경험이 있는가?

ㄴ 실제 결혼 준비를 하며 재테크를 공부했고 부동산, 주식 투자 등을 통해 지금은 20억대 자산을 보유하게 되었어.

3. 어떤 메시지를 전달하는가?

ㄴ 돈을 배우는 과정에서 가족의 안정적인 미래를 만들 수 있어.

모든 콘텐츠에 이 세 가지가 포함되면 어떤 영상을 보더라도 이 브랜드가 누구인지 자연스럽게 이해하게 된다. 만약 내게 관련 고민이 있다면 이 경험에 신뢰를 느낄 것이다. 이 메시지에 공감하게 된다면 다른 콘텐츠도 이어서 보게 될 것이고 결국 관계를 맺게 될 것이다. 덕분에 해쏘현 님은 재테크 관련 광고, 협업 제안 등을 받고, 지금은 신혼부부들을 위해 온라인 상품을 기획하고 있다.

숫자 이상의 가능성을 경험한 것이다.

물론 SNS에서 숫자는 여전히 중요하다. 더 많은 사람에게 노출되려면 후킹도 필요하다. **하지만 숫자 뒤에 사람이 있다는 사실을 이해한 뒤 목적 있게 숫자를 키우는 것과, 숫자 자체에 집착하는 것은 완전히 다르다.** 숫자가 목적이 되면 결국 지속성을 잃는다. 더 큰 숫자를 만들고 유지하기 위해 자극적인 콘텐츠를 반복해서 쏟아내야 하기 때문이다.

그렇게 되면 사람들에게 피로감을 주고 신뢰를 잃게 된다. 콘텐츠는 점점 스팸처럼 느껴지고 시청자도 줄어들며 나 자신도 의미를 잃어버린다. 나도 이 함정에 빠진 적이 있다. 그리고 거기서 빠져나오기 위해 피나는 노력을 했다.

지금 콘텐츠를 만들고 있는데도 삶에 변화가 없다면, 내 콘텐츠 안에 나라는 브랜드가 담겨 있는지, 내 경험이 필요한 사람과 진정성 있는 관계를 쌓아 가고 있는지 점검해 보자.

아주 작은 차이처럼 보이지만, 이를 정의하고 시작하느냐 아니냐에 따라서 많은 것이 바뀐다. 이 작은 차이가 콘텐츠의 방향을 바꾸고, 나에게 모이는 사람들을 바꾼다. 결국엔 작은 도미노가 큰 도미노를 쓰러뜨리듯 내 삶을 바꿀 기회로 이어진다.

더 많이 공유하지 않으면 사라진다

퇴사 후 1인 사업에 뛰어드니 회사 안에 있을 때와 달리 세상이 얼마나 빠르게 변하는지 체감하고 있다. 여러 변화가 있었지만, 가장 크게 느껴지는 것은 무료 정보의 퀄리티다. 이전에는 유료 PDF, 컨설팅, 강의 등에서만 볼 수 있던 상세한 노하우가 이제는 무료로 공유되고 있다. 갑자기 왜 이렇게까지 공개하는 걸까? 빠르게 앞서가는 사람들은 모두 안다.

돈은 정보가 아니라 신뢰로 버는 것이다.

커밍쏜 채널의 구독자 수가 1만 명도 안 되던 시절, 단기간에 수익화를 이룰 수 있었던 이유도 여기에 있다. 유튜브 퍼스널 브랜딩에 대한 경험과 노하우를 숨기지 않고 콘텐츠로 풀었고, 질문이 들어오면 그 자체를 콘텐츠로 만들며 더 구체적인 내용으로 발전시켰다. 첫 웨비나에서도 모두가 아는 뻔한 정보를 말하는 대신, 실제 경험에서 나온 노하우를 나눴다. 그렇게 쌓인 신뢰는 첫 수익화로 이어졌다.

라이브 방송에서 가장 자주 받는 질문 중 하나는 '콘텐츠에서 어디까지 공개해야 할지 모르겠다. 어렵게 얻은 노하우를 무료로 풀기는 너무 아깝다'라는 말이다. 솔직히 나도 수십 번 시행착오 끝에 얻은 노하우를 모두 공개하는 것은 손해 같았고 주저했던 순간도 많았다. 그런데 그런 생각을 깨부순 책 세 권이 있었다.

첫 번째는 오바라 가즈히로의 책《프로세스 이코노미》다. 책은 말한다. "전기, 상품, 서비스 모든 것들이 무료화되는 시대가 오고 있다. 모든 게 무료로 공유되는 시대에 내 것을 가장 먼저 공유하는 사람은 가장 먼저 깃발을 꽂음으로써 모든 사람과 관심 그리고 기회를 가져가게 된다." 경험과 정보를 어느 수준까지 공개해야 할지 고민하던 시절, 이 문장을 보고 큰 자극을 받았다. 만약 내가 노하우를 아껴 두느라 공개하지 않는 사이, 누군가 먼저 공유한다면 어떻게 될까? 그걸 가장 먼저 꺼낸 사람이 주목받고 기회를 가져간다. 그것도 휴대폰 하나만 있으면 누구든 가능하다. 결국 우리가 살고 있는 이 시대에서는 자의든 타의든 알고 있는 것을 과감히 나눠야 한다.

두 번째 책은 니시노 아키히로의 《혁명의 팡파르》다. 이 책을 통해 내가 얼마나 좁은 시야로 세상을 보고 있었는지 알 수 있었다. "파리 루브르 박물관에서 모나리자를 보기 위해 돈을 지불하는 사람들은 모나리자를 이미 알고 있는 사람들이다. 세상이 빠르게 바뀌고 있다. 사람들은 이미 증명된 가치를 소비하기 위해서만 돈을 지불한다." 《프로세스 이코노미》가 왜 콘텐츠를 공개해야 하는지를 알려줬다면, 이 책은 수익화 측면에서 중요한 깨달음을 줬다.

나에게는 4년간 유튜브 채널을 브랜딩한 경험이 '모나리자'였다. 그런데 분명히 내 경험이 가치 있다고 생각했지만, 그 가치를 아무도 몰랐기 때문에 누구도 관심을 가지지 않았다. 그런 상태에서 뻔한 정보만 공유해서는 절대 전문성을 증명할 수 없겠다고 판단했다. 그래서 직접 경험한 것들을 콘텐츠로 풀었다. 대부분이 트래픽이나 숫자 이야기만 할 때, 나는 유튜브에서 목적성 있는 브랜딩이 왜 중요한지를 이야기했다. 라이브에서 사람들의 고민에 답하면서 나에게 가치 있는 '모나리자'가 있다는 것을 알렸다. 그 결과, 후기도 없던 상황에서 첫 수익화가 성공할 수 있었다.

많은 이가 콘텐츠를 만들고 브랜딩을 하지만 수익화에서 막히는 이유는 단순하다. 가진 가치를 '증명물'로 전환하지 않았기 때문이다. 사람들이 멈추는 것은 관심이 부족해서가 아니라, 검증이 부족하기 때문이다. 그렇다면 지금 해야 할 일은 명확하다. 내 성과를 보여 주고, 과정을 투명하게 설명하고, 가능한 한 많이 공개하라. 콘텐츠에서 더 많이, 더 구체적으로 공유하라. 그때 비로소 사람들은 검증된 가치에 기꺼이 비용을 지불한다.

세 번째 책은 야마구치 슈의 《뉴타입의 시대》다. 이 책에서도 공유의 중요성을 말한다. "올드타입은 빼앗고 독점하지만, 뉴타입은 공유한다." 많은 사람이 가장 소중한 것을 공유하길 꺼린다. 나도 '이건 컨설팅에서만 알려줘야지' 하는 생각을 한 적도 있다. 그러나 지금 갖고 있는 것을 아낀다는 것은 1년, 3년 뒤에도 그것이 내가 가진 최고의 무기라는 뜻이다. 그런 마인드를 가진 사람에게 성장이 가능할까? 나는 1년 후, 3년 후 지금보다 더 깊이 있는 인사이트와 사례들을 갖고 있길 바랐다. 그래서 가장 소중하다고 생각했던 것들을 과감히 공유하기 시작했다. 그랬더니 놀라운 일이 벌어졌다.

"이렇게까지 공개해 주셔서 감사합니다."

"커밍쏜 님처럼 다 알려주는 분은 처음이에요."

그 감사는 곧 신뢰로 이어졌고, 정기 세미나, 챌린지, 1:1 컨설팅 신청률도 두 배 이상 높아졌다. 신뢰는 입소문을 타고 더 많은 기회를 만들어 냈다.

"정부기관 강연 프로그램에서 퍼스널 브랜딩 강사를 찾고 있는데 소개해 드려도 될까요?"

"저희 플랫폼에 커밍쏜 님 클래스를 입점시키고 싶어요."

더 놀라운 건, 내 것을 공개할수록 더 큰 배움이 찾아온다는 점이었다. 내 경험과 노하우를 온전히 공개한 콘텐츠를 보고 모인 사람들이 많아지면서, 더 큰 규모의 프로젝트를 기획할 수 있었고, 그 과정에서 또 다른 인사이트를 얻었다. 브랜드와 협의하는 과정에서 크리에이터로서 어떤 것을 주장하고 조심해야 할지도 배웠다. 커뮤니티가 커지며 지속 가능한 운영 방법도 익혔다. 즉, 내가 공유한 만큼 배움이 늘어나고, 그 배움은 또다시 콘텐츠가 되어 브랜드를 성장시키는 선순환이 만들어졌다.

크리에이터이자 1인 기업가에게 성장만큼 중요한 키워드는 없다. 가치를 공유하는 브랜드에는 신뢰가 쌓이고, 신뢰는 팬들과 함께 성장하는 힘이 된다. 그렇게 브랜드는 지속 가능해진다. 나와 비슷한 시기에 시작했지만 정체되거나 사라진 채널도 많다. 초기에는 열정적으로 공유했지만, 시간이 지나며 아끼기 시작한 것이다. 새롭게 얻은 것을 공유하지 않게 되자 성장이 멈췄고, 더 이상 신뢰는 쌓이지 않았다. 팬들은 진정성 있게 공유하고 나누는 다른 브랜드로 옮겨 갔다.

지금 브랜딩을 시작하고 있다면, 아마도 많은 목표를 갖고 있을 것이다. 매출, 구독자 수, 조회수 등. 숫자는 물론 중요하다. 하지만 숫자 자체가 목적이 되어서는 안 된다. 같은 구독자 1,000명이라도, 콘텐츠에서 신뢰를 쌓은 1,000명과 우연히 구독한 1,000명은 전혀 다르다. 조회수도 마찬가지다. 신뢰를 쌓기 위한 조회수 1,000회와 단순한 노출로 유입된 1,000회는 전혀 다른 의미다.

1인 브랜드가 지속력을 갖기 위해선 '신뢰'가 1순위가 되어야 한다. 그 신뢰를 위해 아끼지 말고, 지금 가진 것을 더 많이 공유하자. 진정성 있는 태도로 돕고자 하는 마음이 전달되면, 신뢰는 복리처럼 쌓이고 결국 모든 결과는 J 커브를 그리게 될 것이다.

수동적 수익과 능동적 수익

사실 처음 유튜브를 시작했을 때, 현실적으로 유튜브로 벌 수 있는 것은 조회수 수익뿐이라고 생각했다. 브랜디드 광고 제안은 적어도 구독자 1만 명 이상은 돼야 받을 수 있다고 알고 있었으니 말이다. 그런데 막상 해 보니 유튜브 파트너 프로그램 조건을 달성하는 것조차 쉽지 않았다. 구독자 1,000명, 누적 시청 시간 4,000시간도 충족하기 어려운 일이었다.

그렇게 6개월이 지나 겨우 수익 창출 조건을 달성했다. 영상마다 광고가 붙기 시작했고, 조회수로 수익이 생긴다는 사실만으로도 신기했다. 내가 신경 쓰지 않아도 매월 수익이 발생하는 하나의 파이프라인이 생긴 것 같았다.

수익 창출 1개월 후, 기대를 안고 유튜브 스튜디오 수익 탭을 눌렀다. 결과는 예상과 달랐다. 첫 달 애드센스 수익이 1만 원도 되지 않았다. 유튜브 애드센스 수익은 100달러가 누적되어야 정산받을 수 있는데, 첫 달에 그 10분의 1도 되지 않았다. 영상 하나를 제작하는 데 5~10시간이 들고 주 2회 업로드하느라 월 40시간 넘게 투자했다. 그런데 대가는 최저 시급으로 1시간만 일해도 벌 수 있는 정도였다. 아마 이 이야기에 공감할 사람도 많을 것이다. 유튜브를 막 시작한 이들에게는 조회수 1,000회를 넘기는 일 자체가 쉽지 않기 때문이다.

그럼 조회수를 높이면 되지 않느냐고? 물론 그런 크리에이터도 있다. 매 콘텐츠마다 수십만 회의 조회수를 만들어 내는 채널도 있다. 하지만 그런 사람들은 극소수에 가깝다. 생산자는 계속 늘어나고 있다. 단순히 조회수 수익만을 바라보는 전략으로는 더 이상 버티기 어렵다.

대부분 플랫폼 수익이라고 하면 조회수 수익이나 광고 수익을 먼저 떠올린다. 나는 이런 수익을 '수동적 수익'이라 부른다. 플랫폼이나 기업에 의존해야 발생하는 구조이기 때문이다. 유튜브 애드센스, 브랜디드 광고, 쇼핑 제휴, 쿠팡 파트너스 등이 대표적이다.

콘텐츠를 꾸준히 쌓다 보면 브랜딩이 되고, 동시에 수동적 수익이 생기는 것은 좋은 방향이다. 특히 유튜브는 다른 플랫폼보다 광고 단가가 5~10배 높은 편이다(물론 주제, 시청자층, 국가, 시기 등 변수는 있다). 그러나 플랫폼에 종속된 '을'의 위치에 있으면 언젠가 흔들릴 수밖에 없다. 노출 알고리즘이 바뀌어 조회수가 떨어진다면? 광고 정책이 바뀌어 단가가 낮아진다면? 쇼핑 제휴 수수료가 6%에서 1% 이하로 내려간다면? 그 순간 수익 구조도 함께 무너진다. 그래서 나는 이렇게 생각한다.

수동적 수익은 보너스로 생각해야 한다. 본 게임은 능동적 수익이다.

우리는 플랫폼을 수단으로 하여 나를 브랜딩하고 능동적 수익을 확보해야 한다. 커밍쏜이라는 브랜드를 운영하며 나는 능동적 수익 구조를 직접 만들어 왔다.

유튜브 브랜딩 컨설팅

커뮤니티 챌린지

유튜브 브랜딩 강연

유튜브 브랜딩 VOD

유튜브 브랜딩 전자책

컨설팅, 커뮤니티, 강연, 온라인 상품 등이 바로 능동적 수익이 될 수 있다. 만약 나만의 상품 서비스를 만들어 자사몰을 만들고 유튜브 쇼핑과 연동했다면 그 역시도 능동적 수익이 될 수 있다. 핵심은 **플랫폼 밖**에서 내가 제공하는 상품과 서비스를 **내 브랜드와 연결해 파이프라인을 구축**하는 것이다.

능동적 수익이 늘어날수록 자연스럽게 기업 광고에 대한 의존도는 줄어든다. 그만큼 브랜드 방향성과 맞는 제안인지, 수락 여부를 판단할 여유와 기준이 생긴다. 혼자 설 수 있는 힘이 생기면 더 이상 다른 사람이 짜 놓은 판에 들어갈 필요가 없다. 스스로 판을 짜고, 주도권을 갖게 된다.

커밍쏜이라는 브랜드를 운영하면서 수많은 기회가 찾아왔다. 플랫폼 협업, 프로그램 제안, 기업 유튜브 대행, 광고, 클래스, 제휴 마케팅 등이다. 나는 방향성을 잃지 않기 위해 모든 제안을 다 받지는 않았다. 수동적 수익에만 의존했다면 놓치기 싫어 수락했겠지만 지금은 능동적 수익 구조라는 중심이 단단히 잡혀 있기에 선택의 기준이 명확하다.

커밍쏜 채널 역시 수동적 수익과 능동적 수익이 선순환 구조를 그리고 있다.

첫째, 사람들에게 도움되는 콘텐츠를 꾸준히 올리며 신뢰를 쌓았다. 조회수가 오르자 애드센스 수익이 늘었고, 그 과정에서 책과 유튜브 장비 등을 추천하며 제휴 수익과 브랜디드 협업까지 이어졌다. 추천 콘텐츠 중 수십만 조회수를 기록한 콘텐츠는 신규 구독자 유입과 채널 확장으로 이어졌다.

둘째, 더 많은 사람에게 노출되며 쌓인 신뢰는 유튜브 브랜딩 강연, 온라인 클래스, 컨설팅 의뢰 같은 능동적 수익으로 넓어졌다.

마지막으로, 그 경험에서 얻은 배움을 다시 콘텐츠로 공유하며, 더 많은 기회로 이어갔다. 신뢰와 수익이 서로를 끌어올리며 선순환의 고리를 만든 것이다.

일회성 부업은 시간과 돈을 일대일로 맞바꾸는 구조지만, 퍼스널 브랜딩은 시간이 쌓일수록 브랜드 가치와 몸값이 함께 오른다. 결국 내가 만든 10개의 파이프라인이 연결될 수 있었던 이유는 커밍쏜이라는 브랜드가 중심이었기 때문이다. 유튜브 브랜딩 그룹 컨설팅, 커뮤니티, 유튜브 쇼핑, 온라인 상품까지 겉보기에는 각자가 분리되어 보이지만, 모두 '커밍쏜'이라는 퍼스널 브랜드를 기반으로 연결되어 있다.

이 단계에서 중요한 것은 상품 기획이다. 콘텐츠를 만들다 보면 시청자 반응이나 댓글에서 힌트를 얻을 수 있지만 니즈를 찾기 어렵다면 리서치가 필요하다. 답은 이미 나와 있다.

1. 관련 주제 크리에이터의 파이프라인을 분석한다.

2. 외주, 프리랜서 플랫폼에서 내 주제와 관련된 상품 서비스를 인기순으로 찾는다.
3. 강의 플랫폼에서 관련 주제를 리서치한다.

이 점을 참고해서 내 플랫폼에 모인 사람들에게 제공할 상품과 서비스를 기획한다. 이때 중요한 것은 내 브랜드 방향성과 일치해야 한다는 점이다. 사람들은 어디서든 볼 수 있는 서비스가 아니라, 나라는 브랜드의 메시지와 색깔이 담긴 것을 원한다.

나 역시 내 브랜드와 맞지 않는 부업 수익화 클래스나 인공지능 도구를 이용한 단순 조회수 늘리기 목적의 콘텐츠는 피했고, 퍼스널 브랜딩에 맞는 상품과 서비스를 기획했다. 그 결과, 브랜드에서 쌓인 신뢰는 자연스럽게 구매로 이어졌다.

요즘 것들이
몸값을 높이는 공식

대학생 시절 택배 상하차, 카페, 호프집 서빙, CGV 미소지기, 사무 보조까지 수많은 아르바이트를 해 봤다. 언제나 시급은 최저 수준이었다. 내 1시간의 가격은 대략 6,000원이었다.

오랜 취업 준비 끝에 대기업에 입사했을 때는 시급 개념이 사라졌다. 연봉 테이블이 내 시간의 값을 정했다. 주 5일, 하루 9시간 이상을 회사에 바치는 대가로 연봉 5,500만 원, 월 약 350만 원을 받았다. 시급으로 환산하면 대략 2만 원이었다. 취업 준비생에서 직장인이 되자 월급은 세 배 정도 올랐지만, 내 몸값을 스스로 결정할 선택권은 없었다.

그런데 나와 전혀 다른 삶을 사는 또래가 있음을 알게 됐다. 원하는 시간과 장소에서 일하며 내 연봉의 몇 배를 벌고 있었다. 그들은 나와는 전혀 다른 방식으로 일하고 있었다. 나는 그 차이가 무엇인지 알고 싶어졌다.

이미 수많은 젊은 부자가 이 방식으로 빠른 속도로 본인의 몸값을 높여 가고 있다. 한 편집자는 퇴사 후 자신이 좋아하는 영상 편집 능력을 키우는 데 집중했고, 2년 후 10분짜리 외주 편집 콘텐츠 1편당 50만 원 단가로 일하고 있다. 한 아나운서는 3년간 스피치 능력을 키워 스피킹 클래스를 오픈했다. 한 피트니스 강사는 몇 년간 코칭 전문성을 키워 개인 PT, 피트니스 클래스, 온라인 샵을 운영하고 있다.

이들은 모두 실력을 쌓기 위해 시간을 투자했고, 그 전문성을 바탕으로 직접 상품과 서비스를 제공하며 자신의 가치를 높였다. 이들은 단지 외주나 서비스 제공에 그치지 않고, 그 실력을 콘텐츠로 만들고 사람들에게 공유했다. 누군가는 영상을 보며 '나도 저렇게 편집 잘하고 싶다'고 말했고, 누군가는 강사의 말에 용기를 얻어 '이 사람에게 배우고 싶다'고 느끼게 만들었다. 그렇게 '나를 필요로 하는 사람 수'는 기하급수적으로 늘어났고, 그들은 더 이상 다른 사람들이 정한 가격표로 시간을 파는 사람이 아닌, 내가 정한 가치로 나를 선택하게 만드는 사람이 되어 있었다.

물론 내가 했던 취업 준비도 일종의 '가치 상승'이었다. 토익 점수를 높이고, 면접을 준비하고, 자격증을 따내며 대기업에 들어간 것 역시 내 가치를 높이기 위한 과정이었다. 실제로 나는 그때 나름의 실력을 키웠고, 사회가 요구하는 기준에 맞게 성장하려 애썼다. 다만 돌이켜보면 그 가치는 오직 회사가 정한 기준 안에서만 인정받는 것이었다. 반면 지금 말하는 **가치를 판다**는 것은 조금 다르다. 하나의 회사가 아닌 더 많은 사람에게 인정받아, 내가 키운 실력을, 내가 원하는 사람들에게, 내가 원하는 방식으로 전달하는 구조다. 같은 실력이라도 '누구에게, 어떻게, 어떤 단가에' 파는 것을 선택할 수 있느냐에 따라 삶은 완전히 달라진다.

그렇다면 여기서 말하는 '가치'란 무엇일까? 단순히 전문성만 높인다고 가치가 생기는 걸까? 그렇지 않다. 커밍쏜을 브랜딩하며 몸값을 높여 가다 보니, 이 모호했던 가치를 논리적으로 정의할 수 있었다.

내 가치 = 실력(Quality) × 나여야만 하는 사람 수(Quantity)

나는 내 가치 계산 공식을 Q^2 공식으로 부른다. 내 가치는 내 실력과 나를 필요로 하는 사람 수로 결정된다는 뜻이다. 달리 말하면 **전문성을 높이는 것만이 내 가치를 결정하지 않는다.**

실력을 키우는 것은 물론 중요하다. 여기에는 전제가 있다. 70점 수준에서 90점으로 끌어올리는 것은 충분히 의미 있다. 하지만 이미 90점에 도달했다면, 91점으로 올리는 것이 내 가치를 결정할 만큼 중요할까?

실력을 키우는 일은 기본값이다. 다만 과거엔 영향력을 퍼뜨릴 유일한 길이 실력 향상이었다. '명저를 쓰겠다', '글을 더 잘 쓰겠다', '엄청난 영화를 만들겠다'는 방식뿐이었다. 반면 이제는 과정을 공개하고 노하우를 나누며 미래 고객을 모을 수 있다. 그 과정이 곧 내 가치를 높인다. 일정 수준 이상이 되면 실력을 더 높이기도 어렵고, 시간 대비 성과도 줄어든다. 어차피 대부분은 90과 91의 차이를 알아채지 못한다. 그렇다면 1점을 높이기 위해 모든 시간과 에너지를 쏟기보다는, 더 많은 사람이 나를 필요로 하도록 시간과 노력을 배분하는 게 더 효과적인 방법이다.

개인적으로 존경하는 한 사업가가 내게 해 준 말이 있다. 지인 중에 그림을 20년간 그렸지만 수익이 없는 사람이 있었다. 그 지인에게 이런 상황을 해결하기 위한 방법이 있는지를 물었더니 '그림 실력을 더 늘려야지'라고 답했다고 한다. 그게 정말 최선일까? 실력을 더 높이기보단, 나를 필요로 하는 사람 수를 늘리는 게 낫지 않을까? 이 이야기를 듣고 실력만을 높이기 위해 노력하는 것은 옛날 방식이라는 것을 알게 됐다. 지금은 실력을 키우는 동시에 나를 필요로 하는 사람의 수를 늘려야 한다.

'아직 실력도 부족하고, 날 찾는 사람도 없어'라고 생각하기 쉽다. 실력과 수요자 두 가지를 동시에 확보하는 방법이 있다. 바로 퍼스널 브랜딩이다. **퍼스널 브랜딩은 실력을 키우는 과정에서 생긴 경험과 통찰을 콘텐츠로 풀고, 이를 통해 타인을 돕는 일이다.** 나를 필요로 하는 사람들이 생기고, 내 가치는 자연스럽게 올라간다. 괜히 많은 사람이 '잘되고 싶다면 먼저 남을 도우라'고 말하는 게 아니다. 실제로 세상이 그렇게 돌아가고 있었다.

'나를 필요로 하는 사람 수'를 높이는 일이 중요한 이유는 《성공의 공식 포뮬러》에서 확인할 수 있다. "성공은 단순한 성과의 문제가 아니라, 사람들의 인식의 문제다." 즉, 성과가 아무리 좋아도 사람들이 모르면 성공이라 여겨지지 않는다. 반대로 평범해 보이는 성과라도 사회적 인식이 높다면 성공한 사람으로 인식된다. 결국 가치는 사실보다 '인식'에서 비롯된다. 이건 Q^2 공식 중 Quantity, 즉 '나를 필요로 하는 사람 수'에 해당한다.

그래서 콘텐츠를 통한 브랜딩은 필수다. 실력을 쌓고, 그것을 콘텐츠로 정리해 문제를 해결하고, 관계를 만들며, 사회적 인식을 끌어올려야 한다. 나 역시 커밍쏜을 처음 시작할 때 아무도 모르고 수익도 없었다. 그 시절, 단순히 시간을 팔지 않고 유튜브 브랜딩 실력을 키우기 위해 콘텐츠를 올리고 테스트하며 시간을 투자했다. 배우고 경험한 것들을 기록하고, 그것을 필요로 하는 사람들과 공유했다. 그게 내 가치를 높이는 첫걸음이었다. 문제를 해결한 콘텐츠는 사람들에게 작은 성공 small win 을 거두게 해 줘 신뢰가 생겼다. 그렇게 신뢰는 '나여야만 하는 이유'를 만들었다.

그러자 퇴사 후 유튜브를 시작하려는 사람들, 퍼스널 브랜딩에 관심 있는 사람들이 나를 찾기 시작했다. 클래스, 커뮤니티, 컨설팅, 서비스로 이어졌고, 2년 만에 내 시간 가치는 과거보다 10배 이상 높아졌다. 직장인일 때 몇만 원 시급과 비교하면, 지금은 강연 1시간에 10배 이상의 보수를 받는다.

내가 실력이 특별히 뛰어났기 때문일까? 물론 꾸준히 콘텐츠를 만들고 전략을 테스트한 성실함은 있다고 자부한다. 하지만 나보다 유튜브 구독자가 더 많고 브랜딩에 능한 사람들은 얼마든지 있다. 그런데도 **왜 그들이 아니라 나를 선택하는 걸까?**

컨설팅을 진행했던 헤이디 님의 사례가 있다. 헤이디 님은 PPT로 디자인 작업하는 것을 좋아했다. 퇴사 후 프리랜서로 일하며 수익이 불안정했고 재입사를 고민했다. 하지만 그때 아르바이트 같은 자신의 시간을 파는 일 대신 PPT 디자인 실력을 키우는 데 집중했다. 저단가의 외주를 받으며 포트폴리오를 쌓았다. 그리고 동시에 그 과정에서 배운 노하우를 콘텐츠로 공유했다. 그의 현재 구독자는 5만 명이다. 실력과 나를 필요로 하는 사람의 수를 동시에 늘리자 외주 단가는 기존 대비 두 배 이상으로 뛰었다. 기업 강연 요청과 비즈니스 제안도 이어지고 있다. 1년 만에 수익이 직장인 시절 시급 대비 5~10배가 올라갔다.

만약 내 가치를 높이기보다 눈앞의 수익에 급급해 내 시간을 파는 데 매몰됐다면 어떻게 됐을까? 나를 필요로 하는 사람 수를 늘리는 대신에 90점인 실력을 91점으로 높이는 데만 집중했다면 어떻게 됐을까? 지금처럼 빠르게 삶을 바꾸기는 쉽지 않았을 것이다. 디자인 실력만 보면 더 뛰어난 사람은 많을 수 있다. 하지만 실력을 키우는 동시에 사람들의 문제를 해결했고, 나를 신뢰하는 '나여야만 하는 사람들'을 만들어 갈 수 있었다. 결과적으로 Q^2를 높였기에 이런 성장이 가능했다.

콘텐츠는 한번 업로드되면 수십, 수백, 수천, 많게는 수십만 명에게 퍼진다. 그렇게 되면 수요는 단기간에 10배, 100배로 는다. 내가 쓸 수 있는 시간은 한정되어 있으므로 그 가치가 빠르게 상승한다. 실제 내가 운영하는 컨설팅 프로그램은 단가가 1기 때에 비해 600% 이상 상승했다. 이것이 시간을 파는 대신 가치를 팔아야 하는 이유다.

물론 지금 개인의 사정이 있어 어쩔 수 없이 시간 자체를 판매해야 할 수 있다. 그렇다면 생계를 위해 시간을 판매하는 대신, 가치를 높이기 위한 노력을 포기하지 않으면 된다. 그 작은 노력이 결국 악순환의 고리를 끊고 내 가치를 높이는 탈출구가 될 수 있다. 가치 상승의 복리는 그렇게 시작되게 될 것이다.

    내 이름이 브랜드가 되는 순간, 몸값은 완전히 다른 차원에서 결정되기 시작한다. 단순 시간이 아닌 브랜딩을 통해 '가공된 가치'를 팔기 시작하면 내가 가격표를 붙일 수 있다. 만약 지금 이 글을 읽고 가슴이 뛰거나 하고 싶다는 의욕이 든다면, 그건 당신에게 가능성이 있다는 뜻이다. 시간을 파는 삶에서 가치를 파는 삶으로 옮겨갈 준비가 되었다면, 오늘 단 하나의 콘텐츠를 올려 보자.

두 번째 격파

진정성을 설계하는 법

진정성 있는 주제란 무엇일까?

내가 좋아하는 일을 하면서 성과도 내는 방법은 없을까?

초보자라는 것이
가장 큰 무기다

브랜딩을 하기로 결심했다면 가장 먼저 정해야 할 것은 주제다. 하지만 막상 콘텐츠 주제를 떠올리다 보면 모든 게 애매하게 느껴진다. 어렵게 주제를 정해도 이미 수십만 명의 팔로워를 가진 인플루언서들을 보면 자신감을 잃기 쉽다. 나 역시 처음 유튜브 시작을 결심하고 쏜군tv라는 채널을 만들었을 때, 주제를 고르기까지 6개월이 걸렸다. 취미가 있다고 해도 사소한 것뿐이었고, 여행이나 술 마시기 같은 것도 잘하지 못했다. 평범하게 살아온 과거가 후회스러웠다. 결국 오랜 고민 끝에 모바일 게임을 주제로 정했지만, 사람들이 내 콘텐츠를 볼지 여전히 불안했다.

지금의 커밍쏜 채널 역시 크게 다르지 않았다. 개인 유튜브와 기업 유튜브를 운영한 경험이 있었기에 주제 고민은 덜했지만, 이미 관련 분야에는 강력한 영향력을 가진 채널이 많았다. 100만 유튜버의 노하우, 한 달 만에 구독자 10만 명을 만든 PD의 전략, 베스트셀러 작가와의 인터뷰 등 스펙만 들어도 기죽을 만한 콘텐츠들이 즐비했다.

솔직히 말해 내가 퍼스널 브랜딩을 주제로 유튜브를 시작해도 괜찮을지, 사람들이 전문성이 부족하다며 무시하지는 않을지 두려웠다. 그렇게 한 달 넘게 망설이며 자신감은 점점 깎여 갔다. 이 경험에 공감하는 사람도 분명 많을 것이다. 그렇다면 나는 어떻게 불안을 이겨내고 여러 유튜브 채널을 브랜딩할 수 있었을까?

답은 단순했다. '가르치지 말고, 경험을 공유하며 돕자.'

이 마인드를 받아들이자 두려움이 사라졌다. 우리가 유튜브를 시작하기 망설이는 이유는 하나, 부족해 보일까 두렵기 때문이다. 하지만 곰곰이 생각해 보면, 오랜 경력을 가진 전문가가 내 콘텐츠를 주요 정보원으로 삼을 가능성은 거의 없다. 반대로 내 정보나 경험이 전혀 쓸모없는 것도 아니다. 바로 나보다 한 걸음 뒤에 있는 사람들이 필요로 하기 때문이다. '가르친다'고 생각하면 전문가의 시선이 의식되지만, '돕는다'고 생각하면 자연스럽게 뒤따르는 사람들에게 집중할 수 있다.

이렇게 생각을 바꾸자 자신감이 생겼다. 게임 채널을 운영했을 때는 게임 전문가가 아닌, 나보다 늦게 시작한 초보자에게 도움을 주겠다는 마음이었다. 커밍쏜 채널 역시 퇴사 후 유튜브로 브랜딩하며 성장하는 과정을 솔직하게 공유했다. 그 결과 게임 채널은 1년 6개월 만에 약 4만 구독자를, 커밍쏜 채널은 3년 만에 약 10만 명의 구독자를 얻어 자리를 잡을 수 있었다.

사람은 관심 있는 주제가 생기면 누가 시키지 않아도 시간과 에너지, 돈을 쏟는다. 그 과정에서 자연스럽게 실력이 생기고, 배운 것을 콘텐츠로 공유하면 누군가에게 도움이 된다. 사소해 보이는 경험이라도 누군가에게는 꼭 필요한 정보다. 과거에는 내 경험을 주변 사람들에게만 나눌 수 있었다면, 지금은 콘텐츠를 통해 전 세계 필요한 사람들에게 전달할 수 있다. 관심이 단순한 취미를 넘어 콘텐츠가 되고, 그것이 가치로 이어지는 시대가 열린 것이다.

이 흐름은 이렇게 정리된다.

관심 → 투자 → 실력 → 공유

이 과정을 거치면 내 관심이 진짜인지, 단순한 흥미인지도 분명해진다. 콘텐츠를 꾸준히 공유하는 일은 많은 에너지와 시간이 필요하기 때문에 **진심이 아니면 결국 포기**하게 된다. 하지만 진심으로 좋아하는 주제라면 계속 투자하게 되고, 실력은 쌓이며, 더 많은 사람들이 도움을 받는다. 이 흐름이 반복되면 결국 유료 상품이나 서비스가 나왔을 때 사람들도 기꺼이 선택하게 된다. 관심이 시장에서 소비되는 가치로 전환된다.

혹시 '전문가도 아닌 내 콘텐츠를 누가 보겠어?'라는 걱정이 든다면 꼭 전하고 싶은 말이 있다. 나는 지금까지 내 브랜딩을 위해, 또 다른 분들을 컨설팅하기 위해 수많은 콘텐츠를 분석해 왔다. 그 과정에서 분명히 알게 된 사실이 있다. **전문가용 콘텐츠보다 초보자와 입문자를 위한 콘텐츠가 훨씬 높은 반응을 얻는다**는 점이다.

전문적인 콘텐츠는 깊이가 있지만 시청자 수는 적다. 반면 초보자를 위한 콘텐츠는 깊이는 얕더라도 훨씬 많은 사람이 필요로 한다. 콘텐츠 수요는 피라미드 구조. 예를 들어 보자.

운동 입문자를 위한 홈트 ↔ 국가대표 트레이너의 경기력 향상 프로그램
30대 직장인을 위한 연말정산 팁 ↔ 100억 매출 사업가를 위한 세금 전략
자취생을 위한 10분 간단 요리 ↔ 미슐랭 셰프를 위한 소스 완성법
퇴근 후 매일 10분 글쓰기 루틴 ↔ 출판사 편집자를 위한 문장력 심화 훈련

당연히 더 많이 소비되는 것은 초보자를 위한 콘텐츠다. 이런 콘텐츠는 전문가만 만들 수 있는 게 아니다. 오히려 초보자라는

것은 구독자의 시선에서 콘텐츠를 만들 수 있는 장점이 된다. 진짜 도움이 되는 콘텐츠는 정답을 아는 사람보다 먼저 시행착오를 겪어 본 사람이 줄 수 있다. **요즘 전문가 타이틀을 내세우는 사람은 많지만, 진심으로 돕는 사람은 드물다.** 사람들은 자신보다 한발만 앞서서 공감해 주고 함께 걸어 줄 누군가를 언제나 원한다.

망설이고 있다면, 지금 가진 경험을 진정성 있게 나누는 것부터 시작해 보자. 그 진심은 반드시 닿는다. 그리고 콘텐츠를 쌓다 보면 실력은 자연스럽게 따라오고, 함께 성장하는 팬들도 곁에 생겨날 것이다.

내 안에 잠든
주제를 깨워라

유튜버를 꿈꾸던 직장인 친구가 있었다. 본격적으로 시작하겠다며 전문 카메라, 삼각대, 마이크까지 갖췄다. 일상 브이로그로 인플루언서가 되겠다는 포부로 출발했지만, 3개월도 채 되지 않아 열정은 사그라들었다. 결국 백만 원이 넘는 장비들은 중고 거래로 넘어갔다.

SNS에서 유튜브 브랜딩 경험을 공유하다 보면 이와 비슷한 고민을 하루에도 몇 번씩 듣는다. "일상 브이로그인데 조회수가 안 나와요." "조회수는 조금씩 나오는데 팔로워는 늘지 않아요." 이런 메시지들이다. 공통된 문제는 대부분 같은 두 가지 실수에서 비롯

된다.

첫 번째 실수는 자신을 주제로 콘텐츠를 만든다는 점이다. 얼핏 문제가 없는 방법 같다. 하지만 생각해 보자. 내가 좋아하는 연예인이나 인플루언서의 브이로그조차 시간이 없어 미루는 게 현실이다. 자극적인 콘텐츠가 초 단위로 쏟아지는 시대에, 아무런 관계도 없는 사람의 일상을 누가 찾아볼까? 강렬한 개성과 운이 맞아떨어지지 않으면 쉽지 않다. 커밍쏜 채널도 단순히 내 일상만 공유했다면 지금처럼 성장하지 못했을 것이다. 사람들은 자신과 상관없는 남의 삶에는 무서울 정도로 무관심하다.

브이로그 자체는 훌륭한 콘텐츠다. 다만 목적 없는 브이로그는 오래 지속되기 어렵다. 반대로 뾰족한 주제를 정한 뒤 브이로그 형식으로 그 주제와 관련된 라이프스타일을 보여 주는 것은 좋은 전략이 될 수 있다.

예를 들어 내가 헬스트레이너이고 콘텐츠 주제가 운동이라고 하자. 내가 원하는 것은 마른 사람이든 뚱뚱한 사람이든 운동을 통해 당당한 삶을 살도록 돕는 것이다. 그렇다면 운동 정보 전달만 하는 대신, 실제로 헬스장에서 운동하는 모습, 다른 트레이너와 함께하는 과정, 내 브랜드가 지향하는 목표를 위해 노력하는 모습을 브이로그로 만들 수 있다. 이는 단순한 일상 기록이 아니라 내가 제안하는 라이프스타일을 보여 주는 콘텐츠가 된다. 만약 주제

자체가 나 자신이라면 사람들에게 소비될 이유도, 나 스스로 지속할 힘도 금세 사라진다.

두 번째 실수는 일관성이 없다는 점이다. 브랜딩을 시작하는 사람 대부분이 자기 관점에서만 콘텐츠를 기획한다. 하지만 시청자 입장에서 생각해 보자. 한 채널에 여러 주제가 뒤섞여 있다면 매력을 느낄 수 있을까?

과거 대창 먹방이 유행하던 시기, 우연히 한 크리에이터의 대창 ASMR 영상을 본 적이 있다. 먹는 소리와 영상이 만족스러워 채널까지 찾아갔지만, 구독은 하지 않았다. 이유는 간단했다. 채널에 먹방 외에도 여행, 일상 등 온갖 주제가 섞여 있어, 내가 기대한 콘텐츠가 계속 올라올 것이라는 확신이 없었기 때문이다.

결국 두 가지 문제는 주제를 충분히 고민하지 않고, 뚜렷하게 정하지 않은 데서 비롯된다. 주제는 '나', '상대', '목적' 세 가지 측면을 모두 충족해야 한다. 아직 주제가 불분명하다면, 아래 질문에 답해 보자.

이 주제는 내가 진짜 관심 있고 즐길 수 있는가?
이 주제로 누군가에게 도움을 줄 수 있는가?
이 주제를 통해 내가 이루고 싶은 목적이 분명한가?

이 세 가지에 명확히 답하지 못한다면 잠시 멈춰 고민할 필요가 있다. 주제가 불분명하면 채널이 흔들리고, 애매한 채널은 기억되지 않는다.

1. 주제는 내 안에서 찾았는가?

유튜브에 도전하는 사람 중 열 명 중 아홉은 콘텐츠 10개도 올리기 전에 포기한다. 공통점은 주제를 외부에서 찾는다는 것이다. 지금 인기 있는 주제로 시작해야 성과를 낼 수 있다고 믿고 여행, ASMR, 제품 리뷰를 택하지만, 결국 본인부터가 금세 흥미를 잃는다. 자신의 관심이나 경험이 아닌, 단순히 트렌드에 기대 만든 콘텐츠이기 때문이다.

우리는 빠른 성과를 내기 위해 유튜브, 블로그, 스레드 등을 하는 것이 아니다. 대체 불가한 존재가 되기 위해, 브랜딩의 수단으로 이 플랫폼들을 활용하는 것이다. 그렇기에 주제를 정하기 전에는 반드시 '나'에게 집중해야 한다. 나는 무엇에 꾸준한 관심과 에너지를 쏟을 수 있을까? 주제는 이미 내 안에 있다. 대표적인 예는 취미, 직업, 상황이다.

평범하다고만 생각하던 **취미**도 충분히 주제가 될 수 있다. 러닝, 넷플릭스 영화 추천, 등산, 뜨개질 등 수많은 1인 브랜드가 취미를 중심으로 성장해 왔다. 실제 수강생 중에도 테니스, 자전거 등 자신의 취미를 가지고 콘텐츠를 쌓는 분들이 있다. 애정을 갖고 제작한 덕분에 사람들과 연결됐고 광고, 협찬, 수익화로 이어졌다.

예를 들어 본업은 필라테스 강사지만 테니스를 취미로 시작한 수강생이 있었다. 그는 꾸준히 시간과 에너지를 쓰며 실력을 키웠고, 그 과정에서 얻은 노하우를 콘텐츠로 공유했다. 그러자 유명 브랜드와 협찬, 콜라보 기회가 생기며 본인의 가치가 점점 높아졌다. 또 다른 수강생은 라이딩을 취미로 삼았다. 라이딩을 왜 사랑하게 됐는지, 초보자들에게 도움을 주며 콘텐츠를 쌓아 갔고, 자전거 브랜드 광고와 해외 라이딩 협찬까지 이어졌다.

나 역시 게임과 캠핑이라는 취미로 채널을 운영한 경험이 있다. 게임 채널은 행사 MC, 광고 제안을 받으며 아무것도 없던 취준생이 수익을 얻게 해 줬고, 캠핑 채널은 서투른 차박 캠핑을 보여 주고 구독자 수도 적었음에도 다양한 광고, 협업 제안을 받을 수 있었다.

직업 또한 좋은 주제가 된다. 나는 커밍쏜 채널에서 유튜브와 브랜딩 시행착오를 공유했고, 이를 통해 신뢰를 얻어 클래스와 컨설팅으로 확장할 수 있었다. 수강생 중 헤이디 님은 PPT 외주를 하던 분이다. 그는 노하우를 콘텐츠로 풀어내 PPT 디자인에 관심 있는 직장인, 프리랜서를 도왔다. 수요가 늘자 외주 단가가 두 배 이상 올랐고, 기업 강연과 협업 기회까지 생겼다.

영양사인 디어다빈 님은 건강한 식단 정보를 공유하며 신뢰를 쌓았다. 그가 추천하는 상품은 품절되고, 협업과 광고 제안이 쏟아지며 매달 월급 이상의 수익을 만들 수 있었다. 콘텐츠를 위해 공부한 내용은 본업 실력 향상으로 이어졌고, 본업에서 얻은 경험은 다시 콘텐츠가 되며 선순환이 만들어졌다.

'전문성이 충분할까?', '더 잘하는 사람이 많은데?'라는 생각 때문에 직업을 주제로 삼는 것을 망설이는 경우도 있다. 하지만 회사 직원이든, 1인 기업이든, 프리랜서든 이미 돈을 받고 일하고 있다면 그 자체로 충분한 전문성을 갖춘 사람이다. 우리는 더 앞선 전문가를 가르치려는 게 아니다. 한 걸음 뒤에 있는 사람을 돕는 멘토가 되는 것, 그것만으로도 브랜딩의 출발점이 된다.

마지막으로, 자신의 상황도 훌륭한 주제가 된다. 나는 커밍쏜 채널 초기, 퇴사 후의 과정을 공유하며 수많은 직장인과 퇴사자들의 공감을 얻었다. 지금 아이를 키우고 있다면, 반려동물과 함께 살고 있다면, 이 상황에서 겪는 모든 경험이 콘텐츠 소재가 될 수 있다. 지금 내 삶에서만 나올 수 있는 이야기가 있기 때문이다. 무엇보다도 이런 경험은 많은 사람의 공감을 얻어 정서적 유대를 형성하고, 단단한 팬층으로 이어진다.

2. 사람들을 도울 수 있는가?

주제를 내 안에서 찾았다면, 이제는 그 주제로 누군가의 문제를 해결할 수 있는지 따져봐야 한다. 지금 세상은 볼거리 천국이다. 사람들은 바쁘고, 자신과 상관없는 일에는 눈길조차 주지 않는다. 이런 상황에서 고민 없이 콘텐츠를 올리는 것은, 길 가는 사람을 붙잡고 억지로 전단지를 쥐여 주는 것과 다르지 않다.

다행히도 누구나 관심을 가질 수밖에 없는 주제가 있다. 바로 자기 자신의 문제다. 지금 당장 불편하고 답답한 문제. 내가 만든 콘텐츠가 그 문제를 풀어 주는 순간, 사람들은 발걸음을 멈추고 귀를 기울인다. 결국 내가 선택한 주제로 문제를 해결해야만 관심을 얻고, 콘텐츠가 소비된다.

예를 들어, 취미가 러닝이라고 하자. 단순히 뛰는 모습을 기록하는 것만으로는 소비되기 어렵다. 하지만 '초보 러너를 위한 운동화 추천', '일주일간 매일 3km 달리기 후기' 같은 콘텐츠는 실제 고민과 궁금증을 해결해 준다. 직업이 웨이트 트레이너라도 마찬가지다. 무작정 내 일상을 공유하는 것보다는 '벤치프레스에서 흔히 하는 실수', '단백질 섭취 시 주의할 점'처럼 초보자가 바로 적용할 수 있는 팁을 제공할 때 가치가 생긴다.

퇴사 경험도 좋은 예다. 단순한 일상 공유로는 주목받기 어렵지만, 퇴사를 고민하는 사람에게 '퇴사 후 현실', '준비할 것들', '겪는 감정'을 솔직하게 들려준다면 그것은 그들에게 의미 있는 콘텐츠가 된다. 사람들의 시간과 수고를 줄여 주는 콘텐츠는 창작자가 유명하지 않더라도 반드시 소비될 이유를 만들어 낸다.

결국 중요한 것은 방향성이다. 주제를 정했다면, 그 주제로 사람들의 어떤 문제를 해결할 수 있을지를 고민해야 한다. 이 단계에서 거창한 전략까지 필요하지는 않다. 다만 내 경험으로 누군가의 작은 문제를 덜어 줄 수 있는가, 그 정도는 최소한 점검해야 한다.

3. 이루고 싶은 목적이 분명한가?

많은 사람이 간과하는 부분이다. 물론 꼭 목적이 있어야만 콘텐츠를 만들 수 있는 것은 아니다. 하지만 경험상, 목적이 분명할수록 시행착오를 크게 줄일 수 있다.

첫째, 목적이 뚜렷하면 내가 선택한 주제가 그 목적을 실현하기에 적절한지를 미리 확인할 수 있다. 예를 들어, 유튜브를 시작하는 이유가 "구독자 10만 명 이상을 모아 영향력을 얻고 싶다"라면 어떻게 될까? 그런데 리서치 결과, 해당 주제에서 가장 큰 채널이 구독자 1만 명 안팎이고 최고 조회수도 1,000회 수준이라면 현실적으로 10만 명을 모으기는 어렵다. 주제에 대한 니즈가 적기 때문이다. 이런 경우라면 빠르게 주제를 바꾸거나, 아예 목적을 조정하는 게 현명하다.

김치를 만드는 기업이 SNS 계정을 개설했다고 하자. 단순히 상품 판매를 넘어 구독자 10만 명 이상의 영향력을 가지는 것을 목표로 한다면 '김치'라는 좁은 주제보다는 더 많은 사람이 관심을 가질 수 있는 '집밥'이나 '한식' 같은 넓은 주제를 선택하는 편이 유리하다. 반대로 SNS를 통해 상품과 서비스를 판매하는 것만이 목적이라면 '김치'라는 콘텐츠가 얼마나 좁은지는 큰 문제가 되지 않는다. 진짜 내 상품에 관심 있는 사람만 유입되어도 충분하기 때문이다. 결국 주제와 목적의 정합성이 분명하면 시작부터 시행착오를 줄일 수 있다.

둘째, 분명한 목적은 지속 가능성을 만든다. 그냥 "인플루언서가 되어서 광고를 받고 싶어요"라고 말하는 사람과, "이 주제로 사람들을 모아 커뮤니티를 만들고 내 브랜드 상품과 서비스를 제공하고 싶어요"라고 말하는 사람 중 누가 더 오래 버틸까? 분명 후자다. 목적이 구체적일수록 버틸 힘이 생기고, 지속 가능한 동력이 된다.

특히 유튜브 운영에서 이런 부분이 중요해진다. 실제로 많은 분이 감사하게도 커밍쏜 채널을 보고 퇴사를 주제로 브랜딩을 시작했다고 말한다. 몇백 명에서 몇만 명까지 채널을 키운 분들도 있다. 하지만 끝까지 지속하는 사람은 소수다. 대부분 1년을 넘지 못한다. 이유는 단순하다. 목적이 없었기 때문이다.

유튜브를 시작할 때 흔히 구독자 1,000명, 1만 명 같은 숫자를 목표로 잡는다. **그런데 그 숫자를 달성한다고 해서 삶이 바뀌는 것은 아니다.** 잠시 기분이 좋아질 뿐, 곧 다시 질문이 찾아온다.

"나는 이걸 왜 하고 있지?"
"내 경험을 공유해서 사람들을 도왔는데, 그래서 뭐지?"
"수익화는 어떻게 하지?"

이 질문에 답하지 못하면 방향을 잃고, 결국 포기하게 된다. 하지만 만약 자신의 퇴사 경험을 공유하는 목적이 단순히 구독자를 모으는 것이 아니라, 커리어 컨설턴트나 라이프 코치가 되어 더 많은 사람을 돕는 것이라면 어떨까? 내 콘텐츠를 보고 모인 사람은 목적에 맞는 타깃이 된다. 이후 서비스를 만들든 상품을 판매하든 쌓아 온 시간과 신뢰, 관심이 비즈니스로 이어지고 수익화의 기회로 연결된다. 이렇게 목적은 지속 가능함을 만든다.

글이 길어졌으니 정리해 보겠다. 주제를 정할 때 목적의 해상도를 높이고 시작하는 것과 단순히 주제만 정하는 것 사이에는 엄청난 차이가 있다. **콘텐츠 제작은 많은 시간과 에너지를 요구한다.**

끝까지 지속하려면 내게 강한 의미가 있거나, 수익이 발생해야 한다. 물론 두 가지가 동시에 충족되면 가장 좋다.

내 안에서 주제를 정했다면, 그 주제로 무엇을 이루고 싶은지 구체적으로 상상해 보자. 나는 사람들을 어떻게 돕고 싶은가? 나는 어떤 삶을 살고 싶은가? 목적이 잘 떠오르지 않는다면 인풋이 부족한 것일 수 있다. 브랜딩으로 무엇을 할 수 있는지 모르는 상태이기 때문이다.

그럴 땐 롤 모델 브랜드를 참고해 보자. 그들은 어떤 목적을 갖고 브랜딩을 해 왔는가? 어떤 비즈니스 모델과 수익 구조를 가지고 있는가? 팬들과는 어떤 관계를 맺고 있는가? 거기서 내가 해보고 싶은 것들을 하나씩 적어 보면, 내 안에 숨겨진 욕망을 발견할 수 있다.

우리 모두는 내면에 성장 가능성이 있는 스노우볼을 갖고 있다. 어떤 것은 주먹만큼 작고, 어떤 것은 이미 바위만큼 크다. 크기에 따라 목표에 도달하는 속도는 다르지만, 중요한 것은 크기가 아니다. 굴리는 용기다. 남의 시선은 내려두고 굴려 보자. 작은 눈덩이라도 계속 굴리면 언젠가 감당할 수 없을 만큼 커지고, 상상보다 큰 복리로 돌아올 테니까.

나의 '계기'가
찐팬들을 모은다

평범한 직장인 시절, 나는 크리에이터들이 부러웠다. 있는 그대로의 자신을 좋아해 주는 팬이 있다는 사실이 신기했다. 회사에 의존하고 언제든 대체될 수 있는 나와 달리, 그들은 대체 불가한 영향력을 갖고 있었다. 콘텐츠를 올릴 때마다 SNS에는 감사 인사가 쏟아졌고 오프라인 행사나 강연에는 부산, 제주도는 물론 해외에서도 사람들이 찾아왔다.

'어떻게 저럴 수 있을까?' 원인을 분석해 보았다. 각자 다른 매력과 메인 콘텐츠가 있었지만, 한 가지 공통점이 있었다. 모두가 일관된 메시지를 가지고 있었다는 점이다. 의도했든 아니든 같은 방향의 콘텐츠를 꾸준히 쌓았다. 그 양이 10개, 50개, 100개가 넘어가자 말과 행동에 일관성이 생겼고, 진정성이 느껴졌다. 그 일관성에 공감한 사람들이 모여 채널의 밀도가 생겼고, "왜 그 사람이어야 하는지"에 대한 분명한 이유가 관계로 이어졌다. 그렇게 그들은 대체 불가한 브랜드가 됐다.

대부분 사람은 유튜브를 시작할 때 주제를 정하고 곧바로 콘텐츠부터 만든다. 하지만 내가 선택한 주제에는 이미 수천 개의 채널이 있다. 콘텐츠 퀄리티도, 구독자 수도 훨씬 앞선 경쟁자가 즐비하다. 이 상황에서 가장 먼저 고민해야 할 것은 당연히 차별성이다. 많은 사람이 차별화를 떠올릴 때 화려한 트랜지션이나 편집 기술을 생각한다. 하지만 그런 방식은 언제든 더 뛰어난 기술을 가진 사람에게 자리를 내줄 수 있다. **진짜 차별화는 주제를 통해 어떤 메시지를 전달할 것인지에서 나온다.**

메시지란 내가 왜 이 주제를 선택했는지를 설명하는 이유, 즉 why다. 오바라 가즈히로는 《프로세스 이코노미》에서 이렇게 말한다. "결과가 상향 평준화되어 상품·서비스만으로 구분하기 어려운 시대에 나만의 why는 사람들을 몰입시키고 열광시킨다. why는 가장 차별적인 요소가 된다." 주제를 통해 전달되는 정보는 겹치기 마련이다. 하지만 같은 소재라도 선택한 이유가 다르면 콘텐츠는 완전히 달라진다. why가 달라지면 방향이 달라지고, 그에 따라 말하는 예시와 경험, 심지어 말투까지 바뀐다. 그렇게 쏟아지는 비슷한 콘텐츠 속에서도 나만의 차별성이 생긴다.

자, 여기까지는 납득이 될 것이다. 그렇다면 나만의 why는 어떻게 찾아야 할까? 나는 **그 주제를 시작하게 된 계기**에 집중해 보라고 말한다. 단순히 이루고 싶은 목적을 생각하면 흔한 메시지로 흐르기 쉽다. 반면 내가 어떤 상황에서 이 주제를 시작하게 됐는지를 떠올리면 고유한 이유를 발견할 수 있다.

많은 사람이 취미로 가지고 있는 뜨개질을 예로 들어 보자. 어떤 사람은 직장 스트레스 해소를 위해, 또 어떤 사람은 육아로 지친 마음을 달래기 위해 뜨개질을 시작한다. 또 다른 사람은 단순히 취미 삼아 시작했고 남는 시간에 무언가를 완성하는 성취감이 좋다. 이렇게 시작 계기가 다르면 콘텐츠의 톤이 달라진다. "오늘 하루도 고생 많으셨죠? 실을 뜨면서 마음을 풀어 보세요."와 "작품 하나를 완성해 가는 것은 정말 큰 기쁨이에요."는 분명 톤도, 접근 방식도 다르다. 같은 뜨개질이라도 메시지가 달라지면 전해지는 느낌이 전혀 다르다.

콘텐츠 주제를 러닝으로 정했다고 하자. 러닝을 시작한 이유는 사람마다 다르다. 다이어트를 위해, 스트레스를 풀기 위해, 혹은 퇴사 후 자존감을 회복하기 위해서일 수 있다. 상황과 감정, 인간관계가 모두 다르기 때문에 단순히 '러닝 지식'을 알려주려고 할 때와 완전히 다른 메시지가 나온다.

다이어트를 위해 러닝을 시작한 사람은 운동 효율을 높이는 법을 알려주는 크리에이터 A의 콘텐츠를 볼 것이다. 반면 퇴사 후 자존감을 회복하려는 사람은 매일 아침 달리기를 기록하며 성취감을 전하는 크리에이터 B에게 더 끌릴 것이다. 결국 메시지가 다른 콘텐츠가 쌓일수록 채널의 색깔은 뚜렷해지고, 그 방향에 공감하는 구독자가 밀도 있게 모인다.

커밍쏜 채널도 그랬다. 퇴사 후 퍼스널 브랜딩을 유튜브의 주제로 정한 뒤, 어떤 메시지를 담을지 고민했다. '내가 주인공이 되는 시간이 커밍쏜', '좋아하는 일로 브랜딩하면 내 인생의 주인공이 될 수 있다'는 메시지를 담아 콘텐츠를 400개쯤 쌓자 변화가 일어났다. 부산처럼 먼 곳에서 강연을 들으러 오는 분들이 있었고, "커밍쏜 님의 메시지 덕분에 새로운 도전을 할 수 있었어요." "퍼스널 브랜딩을 시작해 사이드 프로젝트를 하게 됐고, 매일 아침이 설레요." 같은 메시지를 받았다.

놀라운 것은 그들이 단순히 회피성 퇴사나 빠른 돈벌이만을 목적으로 하는 것이 아니라는 점이다. 그런 콘텐츠를 원하는 사람들은 다른 채널을 봤다. 내 채널을 선택한 사람들은 모두가 자신이 주인공이 되는 삶을 원했고, 그 메시지에 공감해 나에게로 모였다. 퇴사, 브랜딩, 유튜브 방법론을 다루는 채널은 많지만, '내 인생의 주인공이 되어야 한다'는 메시지를 지속적으로 전한 채널은 없었다. 주제는 겹칠 수 있지만 브랜드는 겹칠 수 없다. 같은 주제, 같은 소재라도 나만의 메시지가 있으면 사람들은 그 이유로 내 콘텐츠를 찾는다.

'1,000명 팬 이론'이라는 말이 있다. 진짜 팬 1,000명만 있으면 어떤 일을 하든 먹고살 수 있다는 뜻이다. 지금은 구독자 수와 조회수의 가치가 예전만 못하다. **중요한 것은 숫자의 크기가 아니라 숫자의 밀도, 즉 카테고리 안에서의 영향력이다.** 나 역시 메시지를 담아 콘텐츠를 쌓으며, 어떤 프로젝트를 하든 강연을 하든 나를 믿고 함께해 주는 분들이 점점 많아지는 것을 경험했고 1,000명 팬 이론에 확신을 갖게 되었다.

메시지란 결국 내가 세상에 전하고 싶은 가치다. 다만 너무 거창하게 생각할 필요는 없다. "내가 이 주제로 이런 변화를 경험했고, 그래서 알리고 싶다"는 마음이면 충분하다. 그렇게 경험에 뿌리내린 메시지는 자연스럽게 진정성을 갖는다.

그렇다면 이 '진정성'은 어디에서 비롯되어 어떻게 내 콘텐츠에 녹아드는가. 지금부터 그 출발점과 축적의 방식, 그리고 실제로 작동하는 순간들을 구체적으로 설명하겠다.

진정성은 나의 '결핍'에 집중할 때 발견된다

잘나가는 퍼스널 브랜드를 보면 다들 멋지고 화려한 메시지를 전하는 것처럼 보인다. 마치 카피라이팅 전문가 같다. 나 역시 커밍쏜 채널을 시작할 때 메시지를 정하는 과정에서 많은 시행착오를 겪었다. 메시지는 반드시 센스 있고 화려해야 한다는 강박이 있었다.

하지만 나 스스로를 브랜딩해 보고, 다양한 크리에이터를 컨설팅하면서 확실하게 알게 된 게 있다. 메시지에서 중요한 것은 있어 보이는 단어나 멋진 문장이 아니라 진정성이다. 진정성 있는 메시지가 브랜드의 방향성이 된다. 내 콘텐츠에도 내 메시지, 즉 내 방향성이 들어가야 한다.

메시지가 내 안에서 나오지 않았다면 어떻게 될까? 관련된 경험도 없고 스토리도 없으니 진정성이 전달되지 않는다. 보는 사람은 공감하지 못하고, 나 자신도 오래 지속할 수 없다. 결국 콘텐츠마다 말이 달라지고 외면받는 브랜드가 된다.

'진정성을 가져야 한다'는 말은 많은 사람이 한다. 요즘 같은 시대일수록 더 그렇다. 그렇다면 나만의 메시지를 찾으려면 어떻게 해야 할까? 무엇이 진정성을 만드는가?

내 과거 경험에 집중해야 한다. 특히 그 주제를 시작하게 만든 계기를 마주해야 한다. 나는 이것을 좀 더 발전시켜 결핍 상황을 마주하는 일이라 부른다. 평범했던 내가 어떤 결핍의 상황을 겪었기 때문에 이 주제를 시작하게 되었는지 집중하라는 뜻이다. 그 누구도 무언가를 시작할 때 계기 없이 시작하지 않는다. 언제나 힌트는 내 안에 있다.

많은 사람이 여기서 길을 잃는다. 과거 경험이 아닌, 그 주제로 내가 얻고 싶은 목적을 메시지로 정하려 하기 때문이다. 그게 뭐가 문제냐고? 예를 들어 보자.

이미 유튜브에는 수백 개의 부업 채널이 있다. 표면적으로는 다 달라 보이지만 속을 들여다보면 대부분 "누구나 경제적 자유를 이룰 수 있다"라는 비슷한 메시지를 전한다. 건강, 행복, 부, 누구나 원하는 가치를 내세우다 보니 차별성이 없다. 콘텐츠도 비슷해지고 결국 말하는 사람만 다를 뿐 내용은 똑같아진다. 이런 채널은 사람들의 기억에 남지 않는다.

반면 목적이 아니라 '결핍'에서 메시지를 도출하면 결과는 완전히 달라진다. 예를 들어 한 직장인이 가족이 아팠을 때 월급 외수입이 없어 곤란을 겪었다. 그래서 퇴근 후 부업을 시작했고, 3년간 노력 끝에 월 500만 원의 고정 수익 파이프라인을 만들었다. 이 경험에서 나온 메시지는 "가족을 지킬 수 있는 힘은 잠들어도 돌아가는 시스템에서 나온다"였다.

"누구나 경제적 자유를 이룰 수 있다"는 메시지와, "가족을 지킬 힘은 시스템에서 나온다"는 메시지 중 어디에 더 진정성이 느껴질까? 분명 후자일 것이다. 나만의 경험에서 도출된 메시지는 곧 나만의 차별성이 된다. 보는 사람도 메시지에 공감한다. 이후 상품이나 서비스를 내놓았을 때 믿고 구매할 확률도 높아진다.

커밍쏜 채널도 마찬가지였다. 만약 내가 "돈을 빨리 벌자"는 메시지를 전했다면 진정성을 얻기 어려웠을 것이다. 1년도 못 가 채널을 접었을 확률이 크다. 나는 돈을 빠르게 벌려고 퍼스널 브랜딩을 시작한 게 아니었고, 그런 경험도 없었기 때문이다. 과거 나는 콘텐츠를 만들며 '평범한 내가 인생의 주인공이 되는 경험'을 했다. 그때 퍼스널 브랜딩의 힘을 느꼈다. 하지만 직장인이 된 후 점점 색깔과 주체성을 잃었다. 이 경험을 계기로 다시 퍼스널 브랜딩의 필요성을 절실히 느꼈고, 그게 커밍쏜을 시작하게 된 결핍이었다.

이는 다른 주제일 때도 적용된다. 퇴사 후 차박 캠핑을 시작했을 때였다. 단순한 취미였지만, 이왕 하는 김에 제대로 브랜딩해 보자는 생각이 들었다. 그래서 가장 먼저 내가 왜 차박을 시작했는지를 돌아봤다.

퇴사 후 1인 기업가로 일하겠다 했지만 성과가 없어 불안해졌다. 집에서 매일 작업했지만 반복되는 루틴 속에서 마음의 여유가 사라졌다. 방에서 벗어나 혼자만의 시간을 가질 방법을 찾아 보니, 물려받은 올드카와 아버지의 캠핑 용품이 눈에 들어왔다. 불안감을 털어내고 싶어 떠난 첫 차박 캠핑에서 고요한 바람과 새소리, 물소리를 들으며 혼자 앉아 있자 불안했던 감정이 조금씩 풀려 가는 것을 경험했다.

그때 내게 가장 중요한 키워드는 멍타임이었다. 그래서 캠핑 채널의 메시지를 "누구에게나 혼자만의 멍타임이 필요하다"로 정했다. 이후 모든 콘텐츠에 이 메시지를 담았다. 감성적인 장면과 담담한 내레이션으로, 멍타임에서의 경험과 생각을 전했다.

놀랍게도 "멍타임이 필요하다"는 메시지에 공감하는 사람들이 모였다. 당시 구독자가 2,000명 남짓이었는데도 꾸준히 댓글을 남기고 영상을 기다리는 팬층이 형성됐다. 그 밀도 덕분에 기업 협업, 광고, 인터뷰 제안까지 이어졌다. 모두 자연 속에서 멍 때리는 내 모습에 공감했기 때문에 가능한 일이었다.

많은 이가 결핍은 드라마틱해야 하고, 그 뒤에는 대단한 성과가 따라야만 설득력이 생긴다고 오해한다. 그러나 진정성은 그런 극적인 서사에서만 나오지 않는다. 크든 작든 결핍의 순간을 또렷이 응시해 얻은 메시지는 충분히 강하다. 그 메시지가 차별성을 만들고 공감하는 사람을 끌어들인다. 과거의 결핍을 외면하지 말고 세심히 파헤쳐 보자. 그 안에 오직 내가 전할 수 있는 진정한 메시지가 있다.

내 이야기가
진정성 있게 들리는 방법

'어렸을 땐 흙수저였지만 지금은 건물주가 됐어요.' 요즘 SNS에는 이런 이야기가 넘쳐난다. 어린 시절 반지하 단칸방에서 살았지만 지금은 억대 연봉을 번다는 식이다. 실제로 자수성가한 사람들도 있지만, 이런 스토리가 유독 많아지는 이유는 많은 이가 매력적인 캐릭터로 보이기 위해 이야기를 각색하기 때문이다.

거짓말은 아니다. 다만 "나도 흙수저였지", "해외여행을 못 다녔어" 같은 과장이 점점 불어나며 콘텐츠로 만들어진다. 이렇게 꾸며낸 캐릭터들에 대한 피로감은 점점 커지고 있다.

페르소나라는 단어는 원래 고대 그리스에서 배우들이 쓰던 가면에서 비롯됐다. 지금은 온라인에서 보여 주는 '또 다른 자아'라는 개념으로 확장됐다. 많은 사람이 이 페르소나를 사람들의 취향에 맞춰 각색해 연기한다.

하지만 정작 주목받는 이들은 꾸며내지 않고 본래의 모습을 솔직하게 보여 주는 사람들이다. 후킹성 콘텐츠와 과대 광고가 쏟아지는 지금, 오히려 가장 중요한 가치는 진정성이 되었다. 웹툰 작가 기안84처럼 진짜 자신을 드러내는 인물이 오히려 더 큰 몰입과 응원을 얻는다. 퍼스널 브랜딩도 마찬가지다. 포장된 캐릭터가 아니라 진정성 있는 자연스러운 페르소나가 차별화를 만든다. 결국 브랜딩에서 중요한 것은 잘 꾸며진 가면이 아니라, 진짜 나다.

그렇다면 나다운 페르소나를 만들려면 어떻게 해야 할까? 단순히 내 모든 모습을 무작정 드러내는 것만으로는 부족하다. 우리는 누구나 상황에 따라 여러 페르소나를 가지고 있기 때문이다. 평소에는 소심한 사람이 좋아하는 게임을 할 때는 전혀 다른 모습이 나오기도 하고, 에너지가 넘치는 사람이 독서할 때는 조용하고 차분해지기도 한다. 진짜 나다운 페르소나를 만들려면 내가 주제와 관련된 활동을 할 때 어떤 모습인지에 집중해야 한다.

나는 페르소나를 단순히 **내가 어떻게 보이고 싶은가로 정의하지 않는다. 나만의 메시지를 전달할 수 있는 자격**이라고 본다. 메시지가 브랜드의 방향성이라면, 페르소나는 그 메시지를 전할 수 있는 사람인지에 대한 근거다.

근거는 왜 중요할까? 예를 들어 A라는 메시지를 전하려 하는데, 정작 A와 관련된 경험이 없고 결핍을 극복해 본 적이 없다면 어떻게 될까? 말이 아무리 멋있어도 진정성을 가질 수 없다. 내가 직접 겪지 않은 이야기를 어떻게 진심으로 전달하고, 어떻게 다른 사람을 도울 수 있을까? 사람들은 금방 알아챈다. 콘텐츠가 연기라는 것을 느끼는 순간 떠나간다. 결국 꾸며낸 페르소나는 오래가지 못한다. 브랜딩은 지속 가능성의 싸움이다. 맞지 않는 옷을 억지로 입듯, 어울리지 않는 캐릭터를 연기하는 것은 스트레스가 될 뿐이다. 그래서 경험에서 나온 진정성 있는 근거들로 페르소나를 정의하는 것이 필수다.

나 역시 처음에는 쉽지 않았다. '내가 어떤 캐릭터인가'를 정의하려 하면 자꾸 다른 사람과 비교가 됐다. 더 잘난 사람, 더 많은 경험을 가진 사람과 비교하다 보니 내 경험은 작고 초라해 보였다. 무언가를 꾸며내야 할 것 같았다. 그때 내 잡념을 정리해 준 질문이 있었다.

"그래, 네 메시지가 뭔진 알겠어. 매력적이네. 그런데 네가 뭔데 그런 말을 해? 그럴 자격 있어?"

이 질문을 스스로에게 던지고 실제 노트에 적어 봐야 한다. 누구 눈치를 볼 필요도, 있어 보이게 꾸밀 필요도 없다. 주제와 관련된 사소한 경험부터 왜 시작했는지, 그때의 나의 성향과 행동, 관련된 성과나 배경까지 써 내려가다 보면 의외로 많은 키워드가 나온다. '이 주제를 할 때 난 이런 모습이구나', '이런 경험도 있었네', '생각보다 괜찮은데?' 같은 깨달음을 얻게 된다. 이렇게 모인 키워드가 곧 나다운 페르소나의 재료다.

나는 페르소나를 만들 때 내적 키워드와 외적 키워드로 나눈다. **내적 키워드**는 취향, 성격, 행동 같은 수치로 표현할 수 없는 부분이다. **외적 키워드**는 차별화할 수 있는 성과나 경험이다. 취미라면 남들과 비교해 어떤 차별점이 있는지, 얼마나 오래 해 왔는지를, 부업이라면 작업 내역, 기간, 수익 같은 데이터를 정리해 볼 수 있다. 이렇게 하나씩 쌓다 보면 진정성 있는 근거가 모이고 결국 대체 불가한 캐릭터가 완성된다.

예를 들어 보자. 커밍쏜 채널의 메시지는 '내가 주인공이 되는 시간이 커밍쏜'이었다. 이 메시지를 전하는 나는 어떤 사람인가? 나는 수동적인 삶보다 주체적인 삶, 남에게 휘둘리지 않고 나답게 살아가고 싶어 했다. 여기에 대기업 퇴사 경험, 개인 채널을 4만 명까지 키워 본 경험, 기업 채널 브랜딩 경험 같은 외적 키워드를 더했다. 그러자 페르소나는 이렇게 구체화됐다.

대기업을 퇴사하고 퍼스널 브랜딩을 통해 주인공이 되는 삶을 만들어 가

는, 구독자 4만 명의 개인 채널을 운영한 경험이 있고 기업 유튜브를 브랜딩한 31살 퍼스널 브랜딩 전문가

이런 사람이 "누구나 퍼스널 브랜딩을 통해 내 인생의 주인공이 될 수 있다."라는 메시지를 전한다면, 그 자체로 진정성이 담긴다.

앞서 언급한 차박 캠핑 채널에 이 프레임을 적용해 보자. 차박 채널의 메시지는 "누구에게나 혼자만의 멍타임이 필요하다"였다. 이를 뒷받침하기 위해 내적 키워드로 '멍하니 있는 것을 좋아하고 남의 시선을 크게 신경 쓰지 않는 성향'을, 외적 키워드로 '20년 된 올드카, 30년 된 캠핑 장비'를 정리했다. 이 둘을 합치자 구체적인 페르소나가 나왔다.

퇴사 후 부모님께 물려받은 20년 된 올드카와 장비들로, 남의 시선을 신경 쓰지 않고 한적한 자연을 찾아다니며 혼자만의 멍타임을 즐기는 31살 남자

이런 사람이 "혼자만의 멍타임이 필요하다."라고 말한다면, 듣는 사람도 충분히 납득하고 공감한다.

우리는 메시지를 찾았고, 그 메시지를 전달할 내 모습을 구체화했다. 이렇게 명확해진 페르소나는 콘텐츠마다 일관성을 준다.

매번 다른 사람이 등장하는 게 아니라 같은 가치와 경험을 가진 한 사람이 나타난다. 실제 경험에서 나온 콘텐츠는 인사이트도 흔들리지 않는다.

주제와 메시지를 정했다면, 이제는 관련된 경험을 뾰족하게 꺼낼 차례다. 나만의 경험 키워드를 정리해 페르소나를 구체화하자. 진정성 있는 캐릭터는 몰입을 부르고, 함께 성장하고 싶은 팬들을 모이게 할 것이다.

비전이 공허해지지
않기 위한 조건

퍼스널 브랜딩을 해 나가며 큰 도움을 받은 책들이 있었다. 그 책들에는 꼭 나오는 내용이 있었다. 바로 꿈, 비전에 대한 이야기다.

꿈은 사람들에게 응원할 명분을 준다. -《꿈과 돈》

이타적인 목적은 사람들이 응원할 수 있는 명분을 준다. -《프로세스 이코노미》

브랜드 비전은 해상도를 높여 선명하게 만들어야 한다. -《컨셉 수업》

이를 퍼스널 브랜딩에 적용해 보면, '해상도를 높인 이타적인 꿈'이란 곧 내가 어떤 세상을 만들고 싶은지, 이 주제를 통해 어떤 메시지를 전하며 세상을 어떻게 변화시키고 싶은지를 분명히 정의하는 것이다.

하지만 '세상을 바꾼다'는 말은 거리가 멀게 느껴질 수밖에 없다. 나 하나도 바꾸지 못하는데 어떻게 세상을 바꾼단 말인가? 나 역시 브랜딩 초기에는 받아들이기 힘든 말이었다. 유명 브랜드의 거창한 비전이 아니라 내 눈높이에 맞는 비전은 쉽게 그려지지 않았다.

그런데 이 비전은 의외로 내가 유튜브 채널을 운영하며 방향성을 잃은 것 같았을 때 도움이 되었다. 콘텐츠 만들기가 계속되면서 의욕이 가라앉아 있던 중, 문득 커밍쏜의 why가 떠올랐다. '내가 주인공이 되는 시간이 커밍쏜'이라는 문장처럼, 나는 평범했던 내가 브랜딩을 통해 장소와 시간의 자유를 얻어 가는 모습을 보여 주고 있다. 그런데 내 콘텐츠를 보고 메시지에 공감하는 사람이 많아진다면? 그냥 영상만 보고 끝나는 게 아니라 내 라이프스타일에 공감해 스스로 브랜딩을 시작하는 사람이 1명, 2명, 100명, 1,000명 생긴다면 어떤 세상이 될까? 심장이 뛰기 시작했다.

세상이 정해 놓은 시스템 안에서 스스로를 부품처럼 여기며 수동적으로 살아가는 사람이 없어지고, 각자 인생에서 주인공이 되어 살아가는 세상. 주체적인 삶을 선택할 수 있다는 것을 더 많은 사람이 알고 기꺼이 선택하게 되는, 지금과는 다른 세상이 그려졌다. 커밍쏜 브랜드를 통해 그런 세상을 만드는 데 조금이라도 도움이 되고 싶다는 확신이 들었다. 처음으로 커밍쏜이 꿈꾸는 세상과 이루고 싶은 비전이 해상도 높게 그려졌다.

브랜드 비전이 명확해지자 변화가 생겼다. 콘텐츠를 기획할 때마다 비전의 방향성과 일치하는지 점검하기 시작했고 최종 검수 단계에서 확신이 없다면 완성 단계에 있던 콘텐츠라도 삭제했다. 단순히 조회수가 높은 콘텐츠가 아니라 내 콘텐츠를 보는 사람들이 어떻게 공감하고 변화하도록 만들 수 있을지를 고민했다. 콘텐츠는 내 메시지를 전하기 위한 수단이었다. 그리고 내 메시지에 공감하고 변화하는 사람이 많아진다면 내가 꿈꾸는 비전을 이룰 수 있다.

이때, 단순히 비전만 공유하는 것은 소비자 입장에서 뜬구름 잡는 이야기처럼 들릴 수 있다. 나 역시 모호한 꿈만 그리는 것을 좋아하지 않는다. 모호하면 흩어진다. 그래서 진정성을 더하기 위해 현실과 목적 사이에 목표라는 장치를 추가해야 한다. 비전은 목적이고, 목적지에 도달하기까지 거쳐야 하는 중간 지점들이 곧 목표다.

나만의 why(미션) - 목표(중간 성과) - 목적(비전)

나의 목적은 각자 인생에서 주인공이 되는 사람이 많아져 더 자유로운 세상이 되는 것이다. 그 목적에 다가가기 위해 내가 세운 목표 중 하나는 '1년간 해외에서 디지털 노마드로 살아보는 것'이었다. 퍼스널 브랜딩을 통해 실현하고 싶었던 삶이기도 했고, 실제로 해외를 돌아다니며 일하고 생활하는 모습을 보여 준다면, 주인공이 되는 삶을 망설이는 사람들에게 "나도 선택해도 된다"는 용기를 줄 수 있다고 믿었다. 그래서 모든 콘텐츠에 '1년간 해외에서 디지털 노마드로 살기'를 준비하는 과정을 계속 언급하기 시작했다.

"연말에 이탈리아 포지타노에서 디지털 노마드를 시작하려고 하는데 쉽지 않네요."

"이제 딱 1년 남았네요. 아직까지도 고민이 많아요. 근데 저는 보여 주고 싶어요. 이런 삶을 살아도 아무런 문제가 없다는 걸, 우리는 이런 삶을 선택해도 되는 세상에 살고 있다는 걸요."

"제가 파이프라인을 주로 온라인 기반으로 만드는 것은 디지털 노마드를 준비하고 있기 때문이에요. 퇴사할 때 결심했거든요. 3년 후 그런 삶을 실제로 도전하기로요."

매 콘텐츠마다 댓글을 남기고 자신과 비슷한 지인에게 콘텐츠를 공유하며 추천해 주는 팬들이 생겼다. 그제야 《컨셉 수업》 책에서 말한 '비전의 해상도를 높게 설정하고 그 비전을 이뤄 가는 과정을 공유하면 팬이 생긴다'는 말을 실감했다.

목적은 멀지만 대의를 만들고, 목표는 가깝기에 관심을 만든다. 두 가지가 함께 포함되어야 한다. 책 《프로세스 이코노미》에서는 'why를 진정성 있게 이루는 과정은 사람들에게 열망을 불러일으키고 기꺼이 과정에 참여하게 만든다'는 내용이 나온다. 내가 생각하는 비전은 브랜드가 꾸어야 하는 이타적인 꿈이다.

꿈이란 단순히 내가 돈을 잘 벌고 싶고 좋은 집에 살고 싶은지를 말하는 것이 아니다. 진짜 비전은 '왜 나는 이걸 하는가', 나만의 why에서 출발해야 한다. 나 역시, 내가 이 주제로 브랜딩을 하려는 이유를 과거의 결핍에서 찾았다. 그 결핍의 시기를 이 주제로 극복해 내고 있기에, 이제는 그 경험을 세상과 나누고 싶다는 분명한 방향이 생겼다.

그렇다면 내가 그 메시지를 전하고 공감하는 사람들이 많아지면 어떻게 될까? 한 명이 바뀌고, 두 명이 바뀌고, 점점 더 많은 사람들이 변화하게 될 것이다. 그 변화가 쌓이면 결국 더 많은 사람들이 움직이게 될 것이다. 그렇게 세상도 조금씩 바뀌게 된다. 그 모습을 해상도 높게 상상하는 것, 그게 바로 나만의 이타적인 꿈, 즉 비전이 된다.

꿈은 언제나 응원할 명분을 준다. 우리가 만화책에서 꿈을 향해 치열하게 성장하는 주인공을 응원하게 되는 것도 같은 이유다. 그들이 역경을 딛고, 악당을 물리치며 성장해 나가는 모습에 몰입하게 되는 것은 우연이 아니다. 이유는 단순하다. 공감하지만 현실에서 내가 쉽게 할 수 없는 일을, 그들이 대신 이루는 모습을 보기 때문이다. 아직 비전을 만드는 게 어렵게 느껴진다면, 이 세 단계를 따라가 보자.

① 내가 이 주제를 하는 이유인 why, 즉 메시지를 구체화한다.
② 내 메시지를 통해 변화하는 한 명, 한 명의 모습을 구체적으로 상상한다.
③ 그 사람들이 많아져 수만, 수십만 명이 됐을 때 변화할 세상을 한 장의 사진을 찍듯 높은 해상도로 그려 본다.

내 브랜드만의 꿈을 발견하고, 그 꿈을 이루는 과정을 공유해 보자. 그 꿈에 공감하는 사람들이 모이고, 나를 응원하는 사람들이 생길 것이다. 그렇게 나와 함께 그 방향으로 나아가고자 하는 사람들이 모인 커뮤니티가 생기고, 리더가 되며, 나는 수많은 사람과 함께 변화를 만들며 내 인생의 주인공이 될 수 있다.

세 번째 격파

사람을 모으는 콘텐츠

사람들을 어떻게 내 콘텐츠에 몰입시키고 팬으로 만들까?

지속 가능한 브랜딩을 구축하는 방법은 없을까?

트래픽을 팬층과
수익으로 바꾸는 비밀

나는 2019년부터 콘텐츠를 만들었으니 벌써 7년 넘게 콘텐츠를 기획하고 있다. 지금까지 만든 콘텐츠는 총 1,600개 이상이 된다. 모든 콘텐츠에서 유의미한 성과를 만들고, 실수 없는 브랜딩을 해 왔을까?

솔직하게 말하면 후회하는 한 가지가 있다. 내 이야기와 여정 그리고 내 상품 서비스를 더 적극적으로 어필하지 않았다는 점이다. 다시 말해 나는 콘텐츠를 목적성 있게 다각화하지 않았다. 만약 이걸 처음부터 알고 적용했다면 지금보다 더 효과적으로 브랜딩할 수 있었을 거라 확신한다.

세상에 존재하는 수많은 콘텐츠 중 유의미한 성과를 만든 콘텐츠는 각각 뾰족한 목적성을 갖는다. 특히 시간, 돈, 에너지 같은 자원이 한정된 1인 브랜드가 만드는 콘텐츠는 애매해서는 안 된다. 반드시 의도된 목적성을 가져야 한다.

그렇다면 1인 브랜드의 콘텐츠가 가진 목적에는 무엇이 있을까? 그 목적을 크게 세 가지로 정리할 수 있다.

유입을 만드는 콘텐츠
밀도를 높이는 콘텐츠
유료 상품과 서비스를 제안하는 콘텐츠

왜 콘텐츠를 목적성에 따라 나눠 기획해 나가야 할까? 콘텐츠에 무게 중심을 두기 위해서다. 무게 중심이란 이 콘텐츠에서 기대하는 주요한 성과다. 만약 '트래픽도 많이 만들고, 팬층도 형성하고, 유료 상품도 팔고 싶다'면, 콘텐츠 기획 실력이 매우 뛰어나지 않은 이상 어느 하나도 제대로 되지 않을 가능성이 높다. 이런 시도는 지속 가능성을 떨어뜨린다. 반면 콘텐츠마다 무게 중심을 명확히 두면 성과는 분명해진다.

-이 콘텐츠는 신규 팔로워의 유입을 위한 것으로, 지금 사람들이 관심을

가지는 문제를 해결해 '나'라는 브랜드를 경험하게 만드는 게 목적이다.

-이 콘텐츠는 밀도를 위한 것으로, 팔로워들에게 내 사적인 영역을 오픈해 진정성 있는 내적 친밀감을 만드는 게 목적이다.

-이 콘텐츠는 제안을 위한 것으로, 신뢰 관계가 형성된 팔로워들에게 내 상품과 서비스를 제안하는 게 목적이다.

이렇게 콘텐츠는 하나의 목적에 집중할 때 오히려 더 명확해진다. 물론 유입, 밀도, 전환이라는 세 가지 목적은 완벽히 구분되지 않는다. 유입을 위한 콘텐츠 안에 사적인 이야기를 담을 수도 있고, 라이프스타일을 공유하면서도 문제 해결이 가능하다. 기획 단계에서 목적이 분명하면 콘텐츠에 무게 중심이 생기고, 자연스럽게 주요 목적과 보조 목적이 구분된다. 주요 목적이 유입이라면 보조 목적은 밀도가 되는 식이다.

나의 경우, 유입을 위한 콘텐츠는 정보와 노하우를 중심으로 시청자의 문제 해결에 집중한다. 라이프스타일은 야외 작업 장면이나 사람들과의 만남 등을 통해 자연스럽게 드러난다. 반대로 채널의 밀도를 높이기 위한 콘텐츠는 디지털 노마드의 일상과 사람들과의 교류를 중심에 두고, 그 속의 대화에서 자연스럽게 시청자들이 공감할 만한 고민을 건드린다. 이처럼 콘텐츠의 목적에 따라 전략적으로 방향을 나누고, 서로 다른 방식으로 꾸준히 콘텐츠를 쌓고 있다.

어떤 목적의 콘텐츠를 올리느냐에 따라 보는 이의 반응도 달라진다. 정보를 주면 좋아요가 많다. 공감되는 내용으로 감정을 유발하면 댓글이 많다. 유튜브 채널 운영 방법을 알려주면 좋아요가 많지만 디지털 노마드로서 사는 라이프스타일을 공유하면 댓글이 더 많이 달린다.

메인 목적을 분명히 하면 방향성을 잃은 콘텐츠가 나올 가능성은 크게 줄어든다. 퍼스널 브랜딩을 위해 유튜브를 시작하려면, 이 세 가지 목적 중 하나를 먼저 선택해 기획의 기준으로 삼아야 한다.

그렇다면 어떤 순서로, 어떤 우선순위를 두고 접근해야 할까? 지금부터 그 방법에 대해 자세히 설명하겠다.

단순히 정보만 제공해서는 안 되는 이유

가장 먼저 유입을 만드는 콘텐츠에 대해 말해 보자. 유입이 목적이라면, 나를 모르는 사람들이 주요 타깃이 된다. 이들에게 관심을 끌기 위해 가장 중요한 것은 **궁금해하는 의문, 가지고 있는 문제를 해결해 주는 것**이다. 소위 말하는 정보성 콘텐츠가 대표적이다. 이 유입용 콘텐츠는 퍼스널 브랜딩을 시작할 때 가장 기본이 된다.

이때, 이 과정에서 단순히 정보를 전달하는 데 그치지 않고, **메시지와 라이프스타일을 함께 보여 줄 수 있어야 한다**. 정보와 노하우만 제공하면 쉽게 대체될 수 있지만, 메시지에 공감하게 만들면 사람들이 나라는 존재에 관심을 가진다.

사실 나도 처음에는 초기 유입을 위해 문제 해결 콘텐츠를 쌓아 신뢰를 형성하고, 이후 일상을 공유한 후, 마지막 단계에서야 유료 상품과 서비스를 제안해야 한다고 생각했다. 하지만 지금 돌아보니 반드시 그런 계단식 순서를 가질 필요가 없음을 알게 됐다. 유입, 밀도, 제안이라는 세 가지 목적은 단계가 아니라 브랜딩 전략에 따라 조합해야 할 퍼즐 조각 같은 것이었다.

초기 커밍쏜 채널은 거의 유입형에 집중했다. 내 일상이나 생각을 보여 주는 것은 사람들이 궁금해하지 않을 것이라 판단했고, 그래서 밀도 목적의 콘텐츠에 시간을 들이는 일은 비효율적이라 여겼다. 조회수와 구독자 수를 확보해 브랜딩 실력을 입증하는 것이 우선이라 생각했다. 트렌디한 주제를 리서치해 사람들의 고민과 문제를 해결하는 데 집중했다. 그러다 보니 라이프스타일을 온전히 전달하는 목적의 브이로그 콘텐츠는 자연히 후순위로 밀렸다. 그 결과 조회수와 구독자 수는 빠르게 늘었다. 영상 하나에 30만, 40만 회 이상 조회가 나오고, 하루에 구독자가 800명 가까이 생기기도 했다. 문득 이런 생각이 들었다.

'내 일상을 보여 주는 콘텐츠는 정말 가치가 없을까?'

내가 좋아하는 크리에이터들을 떠올려 보니 아니었다. 그들은 하나의 공통점이 있었다. 사적인 취향과 일상을 거리낌 없이 공유하고 있었다. 브이로그든 내레이션이든, 모든 콘텐츠에 그들의 삶과 고민, 생각, 목표가 자연스럽게 녹아 있었다.

물론 처음부터 그들의 일상이 궁금했던 것은 아니었다. 처음엔 내가 가진 궁금증, 문제를 해결하고 싶어서 검색하고, 그들의 콘텐츠를 봤다. 도움을 받으며 신뢰가 생겼고, 점점 메시지와 라이프스타일까지도 공감하게 됐다. 그리고 결국 팬이 되었다.

이 구조는 내 콘텐츠에도 똑같이 적용될 수 있었다. 커밍쏜이라는 이름을 모르는 사람은 당연히 내 일상에는 관심이 없다. 하지만 처음 내 콘텐츠를 보고 문제를 해결하는 과정에서 메시지에 공감한 사람이라면, 내 생각과 삶에도 관심을 가질 수 있다. 그건 채널의 밀도 있는 성장을 위해 반드시 필요한 연결 고리였다.

이렇게만 설명하면 감이 잡히지 않을 수 있다. 나 역시 유튜브를 시작하고 2년 넘게 문제 해결 중심의 콘텐츠만 만들다 보니, 라이프스타일을 공유하는 콘텐츠는 처음에 낯설고 어색했다. 그래서 새롭게 시도할 때마다 동료 크리에이터들에게 피드백을 구했다. 그 과정에서 중요한 사실을 알게 됐다.

'라이프스타일을 보여 주겠다고 해 놓고, 나는 여전히 정보 전달에만 집중하고 있었구나.'

두 가지를 모두 전달하고 싶었지만 욕심을 부리다 보니 영상의 무게 중심이 자꾸 흔들렸다. 라이프스타일을 전달한다면서 똑같이 문제 해결에 중심을 두고 있었다. 차이가 있다면 대본을 읽는 장소가 실내에서 야외로 바뀌었을 뿐이었다. '퇴사 후 1년… 우울증, 번아웃에 떠난 홀로 해외여행', '의심하지 마, 내 인생의 주인공은 나니까' 같은 콘텐츠가 그랬다. 조회수가 얼마나 잘 나왔는지와 상관없이, 목적이 애매했던 콘텐츠라 할 수 있다.

내가 브이로그를 시작한 이유

2024년 12월에 결심했다. 구독자 10만 명이 되기 전 숫자를 내려놓고 내 라이프스타일과 과정을 좀 더 진하게 녹여 보기로. 콘텐츠가 소비 안 되면 어떡하지, 조회수가 낮아지면 어떡하지 하는 걱정 때문에 도전하지 못한다면 채널 규모가 커질수록 새로운 도전을 주저하게 될 것이라고 생각했다.

집에서 경험과 생각을 나누는 내레이션도 좋았지만, 내가 진짜 보여 주고 싶은 삶은 누구를 만나고, 이 방향에 대한 확신, 그 과정에서 어떻게 주인공이 되어 가는지를 담아내는 이야기였다. 그런 이야기를 전하기에는 브이로그가 가장 자연스럽고 솔직한 방식이라고 느꼈다.

그래서 국내외 브이로그를 분석하고, 이야기 구조와 장면 구성,

콘텐츠 기획 방향 등을 연구했다. 반응이 빠르게 오진 않았지만, 매 영상마다 다듬어 가며 내 메세지를 나만의 방식으로 전하고 있다는 감각이 생겼다.

그러자 어느 순간부터 숫자가 아닌 관계에서 변화가 생기기 시작했다. 정보가 아니라 '커밍쏜'이라는 사람이 만들어 가는 과정 자체에 끌려서 찾아오는 시청자들이 생긴 것이다. 댓글에 '정주행하고 있다'는 멘트가 눈에 띄게 많아졌다. 뉴스레터를 보내면 답장이 전보다 훨씬 많이 오기 시작했다. 내가 처음부터 바라던 반응이자, 만들고 싶던 연결이었다. 그렇게 관계의 밀도가 생기고 있다는 것을 느낄 수 있었다.

밀도용 콘텐츠의 강점은 여기에 있다. 문제를 해결하지 않아도, 내 과정을 함께 나누며 자연스럽게 신뢰를 쌓는다. 예를 들어, 나는 2025년 말부터 1년간 디지털 노마드 프로젝트를 시작하기로 했다. 이를 준비하기 위한 준비 과정, 강연과 번개 모임, 제주에서의 일상, 치앙마이에서의 디지털 노마드 인터뷰들까지 모두 밀도용 콘텐츠로 담아냈다. 그러자 반응이 바뀌었다. 이전엔 댓글을 남기지 않던 구독자들이 하나둘 모습을 드러냈고, 특히 오래된 구독자들로부터 이런 메시지가 도착했다.

"초기부터 봐 왔는데 진짜 성장하는 모습이 보여서, 저도 따라서 도전해 보고 싶다는 생각이 들어요. 용기 내게 해 주셔서 감사합니다!"

그 말을 들으며 확신이 생겼다. 밀도용 콘텐츠는 감정의 연결을 만들고, 메시지를 삶의 방식으로 증명하는 콘텐츠라는 것이다. 만약 당신이 지금까지 문제 해결 콘텐츠만 만들어야 한다고 생각했다면, 이제는 주제와 연결된 나의 라이프스타일과 취향도 보여줘야 한다.

브랜딩, 팬, 커뮤니티를 다룬 책들에서 강조하는 공통된 이야기가 있다. 진짜 팬을 만드는 것은 결국 사적인 영역의 공유라는 것이다. 꼭 브이로그가 아니어도 좋다. 내가 전하는 주제와, 그 주제를 통해 이루고 싶은 삶에 대해 이야기해 보자. 그런 사적 영역들이 결국 사람과 사람을 연결시킨다. 그 연결은 대체 불가한 브랜드로 이어지게 된다. 그렇게 댓글 없이 조용히 응원만 하던 사람들이 조금씩 반응하고 참여하며, 어느 순간 당신의 삶에 깊이 몰입하는 슈퍼팬이 되어 있을 것이다.

내 상품을 부담 없이
제안하는 법

이제, 팬들에게 필요한 것을 제안할 차례다. 사실 나는 한동안 SNS에서 내 상품과 서비스를 판매하는 데 망설였다. 혹시 '피로감을 주지는 않을까', '부정적인 반응은 없을까' 하는 걱정이 들었다. 하지만, 정말 필요한 사람에게 제안하지 않는 것이 오히려 나를 신뢰하는 사람에게 무책임한 태도일 수도 있겠다는 생각이 들었다. 내가 만든 상품과 서비스에 확신이 있다면 숨길 이유가 없었다. 오히려 콘텐츠 안에서 자연스럽고 당당하게 드러내야 했다. 그래야 진짜로 나를 믿는 사람에게 만족과 변화를 줄 수 있기 때문이다. 그래서 그동안 외면했던 '상품 구매를 제안하는 콘텐츠'를 만들기로 했다.

영상 말미에 상품, 서비스를 간단히 소개하고 고정 댓글을 통해 상세 페이지를 안내하며 마무리했다. 간혹 반감을 가진 시청자도 있었지만 댓글에는 '이렇게 알려주셔서 감사합니다', '지금 당장은 구매하지 못하지만 진심이 느껴져서 응원합니다' 같은 표현이 훨씬 많았다. 그건 강요가 아니라, 필요한 사람에게 전하는 진심 어린 제안이었기 때문이다. **내가 집중해야 할 대상은 비판하거나 부정적으로 판단하는 사람이 아니라 진짜로 도움을 필요로 하는 사람들이었다.** 시선을 두려워해 회피하기보다는 나를 믿고 찾아온 사람들이 만족하고 변화할 수 있도록 돕는 것. 그게 우선이었다.

유튜브 브랜딩 강의 VOD를 오픈할 때 핵심 포인트는 '나만의 브랜드를 기획하고 브랜딩되는 콘텐츠를 만들 수 있도록 돕는다'였다. 그래서 왜 유튜브 브랜딩이 필요한지, 브랜딩을 위해 어떤 콘텐츠가 필요한지를 다룬 영상을 제작했다. 영상 마지막에는 더 구체적인 방법이 필요한 분들을 위해 VOD를 자연스럽게 제안했다.

이를 본 사람들의 반응은 뚜렷하게 갈렸다. 혼자서도 충분히 해 볼 수 있다고 생각한 사람들은 구매는 하지 않고 새로운 시각을 얻었다는 점에서 만족했고, 혼자 하기엔 막막하거나 시행착오를 줄이고 싶었던 사람들은 자연스럽게 내 제안을 선택했다. 전혀 부담 없는 방식이었다. 덕분에 오픈 첫 달, 1,500만 원의 매출을 달성할 수 있었다. 무엇보다 의미 있었던 건, 그 수치보다 더 큰 신뢰와 연결이 콘텐츠 안에서 만들어졌다는 사실이다.

이 과정을 통해 나는 상품 제안용 콘텐츠의 핵심을 세 가지 키워드로 정리하게 됐다. 바로 공감, 가치, 제안이다.

첫 번째는 **시청자들과 공감하는 지점**이다. 퇴사 후 소득이 0원이었던 시절을 털어놓는 등 진정성 있는 이야기를 공유하면서 시청자는 '이 사람도 나와 비슷한 상황이었구나'라고 느낀다. 콘텐츠 기획에서도 마찬가지로 처음에 공감으로 주파수를 맞추는 게 중요하다.

두 번째는 **가치**다. 단순히 공감만 쌓고 곧바로 제안을 하면 부정적인 반응을 불러올 수 있다. 사람들은 콘텐츠를 무료로 보는 게 아니다. 자신의 시간과 에너지를 쓰고 있다. 따라서 제안용 콘텐츠도 그럴 만한 가치가 있어야 한다. 중요한 것은 사람들의 고정관념을 깨는 새로운 관점을 제시하거나, 시청자의 문제를 실질적으로 해결하는 내용 중 하나는 반드시 포함돼야 한다는 점이다.

실제로 나는 이 두 가지를 모두 담아낸 경험 기반의 가치 세 가지를 전달했다. 브랜딩이 잘 된 채널들의 공통점, 사람들이 내 콘텐츠를 보게 만드는 구조, 파이프라인이 자연스럽게 형성되는 과정이었다. 이 내용들만 제대로 채널에 적용해도, 이전과는 전혀 다른 방식의 유튜브 운영이 가능하다는 확신이 있었다.

세 번째는 **실제 제안**이다. 제안의 핵심은 신뢰다. 단지 권유하는 것이 아니라 어떤 변화를 만들 수 있는지 먼저 보여 주고, 그 변화가 단지 내 얘기만이 아니라는 것을 증명해야 한다. 그래서 나는 흔히 사용하는 권위자의 추천사 대신 실제 사용자의 반응을 선택했다. 유튜브 브랜딩 VOD 정식 오픈 전, 일주일간 사전 체험단을 모집해 주요 내용을 공개했고, 그 안에서 가치를 느낀 분들이 진심 어린 후기를 남겨 줬다. 이 후기들은 자연스럽게 콘텐츠에서 상품에 대한 신뢰를 높이는 역할을 했다.

이때 모든 사람에게 도움이 된다고 하지 않았다. 오히려 이렇게 안내했다. "모든 사람에게 맞는 솔루션은 아닙니다." 어떤 사람에게 적합하고, 어떤 사람에게는 맞지 않을 수도 있다는 점을 솔직하게 설명했다. 이런 명확한 가이드는 불필요한 고민을 줄여 줬고, 동시에 콘텐츠에 대한 신뢰를 더욱 높이는 데 도움이 됐다. 모든 것을 애매하게 좋게 포장하는 대신, 내 솔루션이 진짜 필요한 사람에게만 닿도록 돕는 태도를 보여 주자 오히려 더 큰 공감을 얻을 수 있었다.

여기서 마지막으로 빼먹으면 안 되는 부분이 하나 있다. 바로 CTA **Call to Action**이다. 우리는 콘텐츠에서 상품과 서비스를 제안했다. 그렇다면 단순히 소개만으로 끝내지 말고 '필요하신 분들은 고정댓글을 확인해 주세요'와 같은 멘트를 더해야 한다. 이때 영상 설명란이나 고정 댓글에 상품 관련 링크를 달아 두면 관심 있는 사람이 쉽게 접근할 수 있다. 나 역시도 유튜브 브랜딩 VOD를 제안하는 콘텐츠에서 그렇게 요청하며 영상을 마무리했다.

세 가지 요소인 공감, 가치, 제안 모두 진정성 있게 전달되자 놀랍게도 VOD를 제안하는 목적성 콘텐츠였음에도 '복습할 수 있도록 영상을 내리지 말아 달라'는 요청과 후원까지 받을 수 있었다. 진정성 있는 제안 콘텐츠는 기대보다 더 강력했다. 브랜딩 측면에서도 신뢰도를 높이는 데 효과적이었다.

초보 1인 기업가에게 제안하는 비율

이렇게 유입용, 밀도용, 제안용 세 가지 목적의 콘텐츠를 쌓아가면 어떻게 될까. 문제를 해결하며 일관된 메시지를 전달해 공감하는 사람을 모을 수 있고, 라이프스타일을 공유하며 유대감을 만들 수 있으며, 필요한 사람에게 자연스럽게 상품을 제안할 수 있다. 팬과 수익이 동시에 발생하는 구조는 지속 가능성을 만들어 낸다. 만약 처음부터 이 세 가지를 적절히 섞어 브랜딩했다면 지금보다 더 단단한 성장을 이룰 수 있었을 것이라 생각한다. 그래서 나는 퍼스널 브랜딩 초반이라면 이렇게 비율을 설정하길 권한다.

유입용 7 : 밀도용 2 : 제안용 1

예를 들어, 트렌디한 주제나 문제 해결 콘텐츠를 서너 개 만들고, 관계 형성을 위한 콘덴스를 한 개, 그리고 제안 콘텐츠를 한 개 배치하는 식이다. 문제 해결 콘텐츠만 올리면 관계가 약해지고, 라이프스타일 콘텐츠만 강조하면 유입이 줄어든다. 제안만 반복하면 피로도를 높일 수밖에 없다.

물론 전략에 따라 비율은 유연하게 적용할 수 있다. 중요한 것은 콘텐츠 간의 비율보다도 목적성이다. 각 콘텐츠마다 '왜 이 영상을 만드는가'에 대한 명확한 목적이 담겨야 한다.

처음엔 콘텐츠에 목적을 담는 것, 목적에 따라 콘텐츠를 구분하고 구매를 제안하는 것이 낯설고 부담스러울 수 있다. 하지만 우리는 단순한 취미가 아니라 브랜딩을 위해 계정을 만들었다. 수익이 없다면 지속할 수 없다. 반대로 세일즈만 해서는 팬들이 떠난다. 그래서 이 구조를 바탕으로 실험하고, 스스로의 방향에 맞게 맞춰 나가는 것이 중요하다.

지금 콘텐츠를 의미 없이 쌓고 있다면 방향을 점검해 보자. 정해진 정답은 없다. 내 브랜드 방향에 맞춰 무리하지 않고, 하나씩 퍼즐을 채우다 보면 신뢰 기반의 팬이 생기고 수익이 생겨 지속 가능한 브랜딩을 해낼 수 있게 된다.

지금 바로 뉴스레터를
시작해야 하는 이유

커밍쏜에서 콘텐츠를 쌓아간 지 만 2년이 되었을 때였다. 매일 영상을 찍고 글을 쓰고 있었지만, 마음 한구석에는 늘 불안이 남아 있었다. 1인 사업은 지속하기 위해 결국 꾸준히 트래픽을 만들고, 그 안에서 내 상품과 서비스를 제안해야 한다. 그런데 그 트래픽의 주도권은 온전히 내 손에 있지 않았다.

알고리즘은 구독자 중심에서 관심사 기반으로 빠르게 바뀌었다. 나 역시 그 변화를 매번 체감하고 있었다. 조회수가 60만 회가 나오더라도 구독자 중 시청 비율은 3%에 불과한 경우도 있었다. 콘텐츠가 크게 퍼지는 듯 보였지만, 내 메시지가 진짜로 닿아야 할 사람들과의 연결은 얇아지고 있었다.

나는 여전히 유튜브에서 내 라이프스타일과 메시지를 전하는 데 집중했다. 밀도 있는 관계를 쌓을 수 있는 가장 강력한 무대가 유튜브라는 사실에는 변함이 없었다. 실제로 관계가 깊어지면, 알고리즘이 노출하지 않아도 검색을 통해 나를 찾아오는 사람들이 생긴다는 것을 직접 경험했다. 하지만 시간이 지날수록 공감하는 사람들이 늘어도, 내가 원하는 사람에게 원하는 순간에 다가가는 일은 점점 어려워지고 있다는 것을 깨달았다.

그래서 생각했다. 유튜브에서 쌓은 공감과 신뢰를 오래 이어가려면, 반드시 플랫폼 밖으로 연결해야 한다고. 플랫폼에 흔들리지 않는 안정적인 관계는 결국 플랫폼 밖에서만 만들어질 수 있다는 확신이 굳어졌다.

그때 해외 솔로프리너들이 뉴스레터를 통해 자신만의 채널을 키우는 이야기를 접했다. 사실 뉴스레터라는 단어는 과거 해외 마케팅 서적에서 처음 만났다. 하지만 그때는 나와 상관없는 수단이라고 생각했다. 과거 뉴스레터는 늘 신상품 알림이나 홍보 메일이었다. 차갑고 상업적인 느낌이 강했다. '고객 DB'라는 말에도 왠지 모를 거부감이 들었다. 내가 하고 싶었던 것은 숫자를 관리하는 마케팅이 아니라, 진정성 있는 관계를 기반으로 연결되는 브랜딩이었기 때문이다.

하지만 시간이 지나며 시각이 조금씩 바뀌었다. 주변에서 크리에이터들이 뉴스레터를 활용하는 것을 보았다. 단순히 상품을 알리는 통로가 아니라, 자신의 이야기를 풀어내고 독자와 깊이 연결되는 공간으로 쓰고 있었다. 긴 글 속에서 자신이 겪은 고민과 과정을 공유했고 필요할 땐 자연스럽게 상품과 서비스를 제안했다. 마치 내가 유튜브를 통해 라이프스타일을 전하듯, 그들은 글을 통해 내면과 과정을 전하고 있었다. 그 모습을 보면서 고정관념이 깨지며 나도 조금씩 관심이 생겼다.

하지만 막상 시작은 쉽지 않았다. 마음속에서 수없이 잡음이 일어났다.

'두세 번 쓰다 말아 버리면 오히려 마이너스 아닐까?'

'괜히 새로운 일을 벌여서 또 힘들어지는 것은 아닐까…'

아직 일어나지도 않은 걱정들이 꼬리를 물었다. 솔직히 말하면, 이런 생각도 했다. '좋은 정보를 주는 기업형 뉴스레터도 시장에 쏟아지는데, 내가 쓴 긴 글을 누가 굳이 이메일로까지 받아 보려고 할까?'

결국 마지막에 나를 움직인 것은 단순한 결론이었다. 잃을 것은 없으니, 그냥 해 보자. 저질러 보고 안 되면 수습하면 된다. 그렇게 마음을 정했다. 동시에 한 가지 믿음도 있었다. 내가 걸어온 과정과 매주 쌓아 가는 고민이 분명 누군가에겐 필요할 거라는 것. 그래서 두려움이 남아 있었지만, 유튜브, 인스타그램, 스레드에 뉴스레터 오픈 소식을 알렸다.

드디어 퍼스널메이커스 뉴스레터를 오픈합니다. 콘텐츠에서는 담지 못했던 좀 더 진한 유튜브, 퍼스널 브랜딩, 자기계발 인사이트와 고민을 공유해 보려 해요. 첫 시작이기에 소수만 신청을 받을 예정입니다. 당연히 서투를 테지만 그만큼 더 진한 내용들이 들어갈 거 같아요☺ 커밍쑨의 좀 더 진한 이야기를 나누고 싶은 분들은 아래 링크에서 신청해 주세요.

긴 글로 인사이트를 받아 보고 싶다는 사람들, 내 메시지와 방향성에 공감하는 사람들이 하나둘 모였다. 걱정과 달리 놀랍게도 첫 주에만 400명 이상 신청했다.

첫 뉴스레터를 발행하던 날은 아직도 선명하다. 어떻게 써야 할지 몰라 이모지를 넣어 가독성을 높여 보기도 하고, 문단을 일부러 짧게 나눠 보기도 했다. 하지만 막상 쓰다 보니 유튜브 대본과 인스타그램 카드뉴스를 써 온 경험이 글의 뼈대를 잡아 줬다. 긴 글에서도 목적성 있게 생각을 전달하는 일은 그리 낯설지 않았다.

예약 발행 버튼을 누른 뒤에는 잠을 설쳤다. 과연 누가 읽어 줄까? 내가 쓴 글이 도움이 될까? 기대했던 사람들에게 실망을 주진 않을까? 그런데 다음 날 아침, 결과를 보고 깜짝 놀랐다. 오픈율이 70%를 넘겼고, 40명 넘는 사람들이 직접 응원의 답장을 보내왔다.

'커밍쏜 님의 콘텐츠를 정주행해 왔지만 글로 보는 인사이트는 확실히 다르네요.'

'매주 출근길에 이렇게 글을 받아 볼 수 있다니 기대되어요.'

그 메시지를 읽으며 나도 큰 위로를 받았다. 게다가 어떤 분들은 문단 구성이나 표현 방식에 대한 피드백까지 남겨 주었다.

'커밍쏜 님이 더 잘됐으면 해서 참고하시라고 보내 드립니다!'

그 순간 확신이 생겼다. 이건 단순한 이메일이 아니라, 진짜 연결이구나.

그 이후 매주 글을 썼다. 한 편을 완성하는 데 보통 5~10시간이 걸렸다. 주말을 반납하기도 했고, 새벽까지 컴퓨터 앞에 앉아 있던 날도 많았다. 그럼에도 신기하게도 점점 '쓸 말이 없으면 어떡하지?'라는 걱정이 사라졌다. 대신 '이번엔 어떤 이야기를 나누면 좋을까?'라는 설렘으로 바뀌었다. 어느덧 단 한 번도 빠지지 않고 10개월 동안 뉴스레터를 보냈다. 그 사이 유튜브, 퍼스널 브랜딩, 1인 사업에 관심 있는 분들에게 바이럴되어 구독자는 약 8,000명이 되었고, 받은 답장은 1,000개가 넘었다.

뉴스레터를 통해 가장 크게 얻은 것은 안정성이다. 유튜브, 인스타그램, 스레드의 알고리즘은 늘 바뀌고, 구독자들조차 내 영상을 보지 못하는 일이 흔하다. 하지만 뉴스레터는 다르다. 이메일 주소를 남긴 사람이라면, 내가 보내는 글이 반드시 그들의 메일함에 도착한다. 기다림이 아니라 내가 직접 찾아가는 방식이다. 단순한 차이 같지만 이 작은 주도권의 이동이 1인 기업에게는 큰 안정감을 주었다. 지금은 현재 매주 3,000명 이상이 꾸준히 뉴스레터를 열어 본다. 플랫폼 안의 여러 매장 중 하나가 아니라, 내가 곧 플랫폼이 되는 것이다.

모든 SNS 플랫폼은 반응도에 따라 노출이 결정된다. 그래서 최대한 콘텐츠를 오래 보게 만들기 위해 대본을 전략적으로 구성해야 한다. 하지만 뉴스레터는 다르다. 반응도가 어떻든, 신청한 전원에게 무조건 노출된다. 그래서 굳이 자제하지 않고 내 고민과 과정을 있는 그대로 공유할 수 있었다. 더 솔직한 말이 담겼다. 그러다 보니 뉴스레터를 구독한 분들과 내적 친밀감이 깊어졌고, 관계의 밀도는 더 진해졌다.

뉴스레터 구독자는 단순히 스쳐 가는 관객이 아니었다. 긴 글을 읽고 싶어 하고, 내 메시지에 공감했기 때문에 스스로 이메일 주소를 남긴 사람들이었다. 이미 내 브랜드에 깊이 관여된 집단이었다. 그들에게만 콘텐츠에서 다 하지 못한 고민과 과정을 공유하자, 자연스럽게 밀도 높은 관계성 커뮤니티가 만들어졌다. 그 관계는 단순히 친밀감으로 끝나지 않았다.

실제로 새로운 프로젝트를 열었을 때 가장 먼저 반응해 준 이들도 뉴스레터 독자들이었다. 유튜브 브랜딩 그룹 PT를 3개월 만에 오픈했을 때, 홍보를 따로 하지 않았음에도 정원 대비 1,033% 이상 사전 예약이 되었다. 매주 전달하는 유튜브, 퍼스널 브랜딩 관련 경험에 공감한 독자들은 VOD 구매로도 이어졌다.

재밌었던 사례도 있다.

'커밍쏜 님, 유튜브에서 추천이 안 떠서 잊혀져 갔는데, 뉴스레터가 도착해 있더라고요. 그래서 다시 콘텐츠를 정주행했어요.'

브랜딩은 인지의 영역이고, 신뢰도는 얼마나 자주 노출되는가에 크게 영향을 받는다. 플랫폼이 노출해 주지 않는다면, 내가 그들에게 직접 다가가면 된다.

처음에는 기업적인 마케팅 수단으로만 보였던 뉴스레터가, 지금은 내 브랜드를 지탱하는 가장 든든한 무기가 되었다. 생산자와 소비자 모두에게 지속 가능한 가치를 만들어 주는 플랫폼. 그것이 뉴스레터다. 만약 지금 SNS에서 퍼스널 브랜딩을 하고 있다면, 그리고 알고리즘이 만들어 내는 불확실성 때문에 흔들리고 있다면, 이제는 나만의 플랫폼을 고려해야 할 때일지도 모른다. SNS는 여전히 퍼스널 브랜딩의 강력한 무대다. 하지만 그 무대에서 쌓은 공감과 신뢰를 오래 지켜내고 더 깊이 이어 가기 위해서는 '바깥의 통로'가 필요하다.

책 출간 한 달 전,
계약 해지 통보를 받다

내게는 오래전부터 준비해 온 꿈이 있었다. 2025년 8월 내 이야기를 담은 책을 내는 것이었다. 그리고 한 달 후 이탈리아로 1년간 디지털 노마드를 떠나는 것이다. 상상만으로도 벅차올랐다. 출판사에서 미팅을 제안해 계약을 했고, 출간 준비가 착착 진행되고 있었다. 퇴고, 디자인, 인쇄 일정까지 모두 확정되었고, 8월 출간을 앞두고 막바지 작업들만 남겨둔 상태였다.

그러던 어느 날, 한 통의 메일이 도착했다. 발신인은 출판사였다. 제목을 읽는 순간 심장이 내려앉았다. 출판사 측에서 온 출간 취소 통보였다. '갑자기 이게 무슨 일이지?' 해당 책의 출판을 담당하던 편집장과 편집자가 동시에 퇴사해 더 이상 출간 작업을 진행하기 어려울 것 같다는 내용과 함께, 출판사의 100% 귀책이기에 원고와 출판권 등 모든 권리는 저자에게 있다는 말도 덧붙여져 있었다.

순간 머릿속이 하얘졌다. '올해 초부터 함께 만들어 왔는데 이렇게 무책임하게 통보한다고…?' 이유를 물었지만, 회사 내부 사정상이라는 답변으로 돌아왔다. 처음에는 당황스러웠다. 그리고 곧 출판 취소와 동시에 올해 가장 중요한 계획까지도 무너졌다는 것을 깨달았다. 출간 한 달 후 이탈리아 포지타노에서 디지털노마드를 시작하도록 세팅해 놨는데 모두 어그러졌다.

출간을 해외에서 하면 되는 거 아니냐고 생각할 수 있다. 나 역시도 해외에서 원고를 다듬고 출간 작업을 병행하는 장면을 머릿속으로 그려 보지 않은 것은 아니다.

하지만 내게 책 출간은 단순한 '출판' 이상의 의미가 있었다. 이 책에 담긴 내용은 퇴사 후 1인 브랜드가 되기까지의 3년, 그 치열하고 불안했던 여정을 기록한 서사와 배움이었다. 커밍쏜이라는 이름으로 시작된 1장의 마지막 페이지이자, 커밍쏜 2장의 문을 여는 시작점이었다. 그리고 디지털 노마드는 바로 그다음 장, 완전히 새로운 서사의 첫 문단이었다. 그래서 1장을 정리하지 않고는 2장을 시작할 수 없었다. 도전의 기억이 희미해지기 전에, 그것을 한 권의 책으로 정리해 두고 싶었다.

　또한 오프라인에서 독자들과 직접 만나 이야기를 나누고 싶었다. 책을 읽고 주인공이 되어 가는 누군가와 북토크를 하고, 메시지에 공감하는 분들과 더 많은 대화를 나누고 싶었다. 그만큼 내게 그 무엇보다도 중요한 의미를 가졌다. 그래서 출간이 불투명해졌을 때, 디지털 노마드 프로젝트 역시 무기한 연기하기로 결정했다.

　출간이 취소되고 이후 프로젝트들이 정리되고 나서, 찾아온 감정은 자괴감이었다. 내가 정말 더 큰 영향력을 가진 사람이었다면, 내 구독자 수가 더 많았다면 출판사에서 쉽게 계약을 해지했을까? 혹시 '이 저자만큼은 놓치면 안 된다'는 확신을 심어 주지 못한 것은 아닐까? 생각들이 꼬리를 물고 이어졌고, 나를 향한 부정적인 감정이 깊어졌다. 사실 한동안 무기력에 빠졌다. 콘텐츠가 손에 잡히지 않았고, 진행 중이던 프로젝트들 역시 속도가 느려졌다.

　그런데 아이러니하게도, 내가 손을 놓고 있는 사이에도 출판 과정을 공유한 콘텐츠들에서는 책을 기다린다는 댓글이 꾸준히 달렸다.

커밍쏜 님 따라가려고 책만 기다리고 있어요!
8월 7일 출간일만 기다립니다. 그날 바로 서점으로 오픈런 합니다.

그 댓글들을 보며 다시 알게 됐다. 지금 내가 이렇게 주저앉아 있는 동안에도, 누군가는 여전히 내 이야기를 기다리고 있었다. 지금 내가 집중해야 하는 건, 내 메시지에 공감해 주는 분들이라는 것을, 내 이야기에 가치를 느껴 주는 분들이라는 것을 깨달았다. 가만히 있을 때가 아니었다. 지금 이 상황을 해결하기 위해 다시 움직여야 했다.

생각해 보면 나는 언제나 원하는 것을 한 번에 이룬 적이 없었다. 입사 전 유튜브를 처음 했을 때도, 퇴사 후 유튜브를 처음부터 다시 시작했을 때도, 커뮤니티를 만들었을 때도 항상 서툴렀고 실패했다. 하지만 최악의 상황을 극복하는 과정에서 배우고 성장하며 원하는 것을 결국 이뤄내 왔다. 이번 역시도 그때와 비슷한 상황이라는 생각이 들었다. 지금 내가 무엇을 해야 하는지 명확하게 판단이 들었다. 바로 내가 할 수 있는 일에 집중하는 것이었다.

혼란스러울 때마다 나는 딱 하나의 기준을 세운다. 내가 컨트롤할 수 있는 것과 할 수 없는 것. 이 둘을 명확히 구분하고, 내가 컨트롤할 수 있는 영역에만 모든 에너지를 집중하는 것이다.

예를 들어 브랜딩 초기, 유튜브에 콘텐츠를 올려도 조회수나 반응은 기대만큼 나오지 않았다. 조회수나 구독자 수는 운의 영역이 포함된 결과다. 내가 통제할 수 없다. 바꿀 수 없는 것에 집착하면 불안만 커졌다. 그럴 때마다 나는 결과가 아닌 내가 컨트롤할 수 있는 곳에 집중했다. 콘텐츠의 퀄리티와 업로드 빈도는 내 손안에 있다. 그래서 그 두 가지에만 집중했다. 그 결과, 반응이 따라오기 시작했다. 조회수와 구독자 수가 조금씩 오르기 시작했다. 그때 내가 컨트롤할 수 없는 상황과 결과에 집착할수록 불안은 커지고, 내가 할 수 있는 것에 집중할수록 길이 열린다는 것을 알게 됐다.

그래서 이번 출판사 계약 해지라는 예상 밖의 상황 앞에서도 같은 기준을 다시 꺼냈다. 지금, 내가 컨트롤할 수 있는 것은 무엇인가? 결과와 상황을 통제할 수 없다면, 내가 원하는 결과에 가까워지도록 만드는 '행동'부터 다시 시작하면 된다. 의외로 선택지는 꽤 많았다.

첫 번째는 이 상황을 숨기지 않고 드러내는 일이었다. 창피함과 무력감에 혼자 끙끙 앓기보다는, 지금의 상황을 있는 그대로 이야기하는 것부터 시작했다. 기존 출판사와의 계약이 해지되었고 완성된 원고가 있다는 사실을 세상에 알려야 했다. 마치 새로운 직장을 찾기 위해 이직 시장에 나섰다는 사실을 알리는 것처럼. 다른 사람이 알아주길 기다리기보다 내가 스스로를 홍보해야 했다.

두 번째는 내가 먼저 움직이는 일이었다. 기획 의도, 타깃 독자, 마케팅 전략까지 준비된 상태였기에 이 책이 어울릴 출판사에 내가 먼저 제안서를 보내는 방법도 존재했다.

두 가지 한 번에 할 수 있는 방법이 있었다. 바로 이 상황을 솔직하게 구독자들에게 공유하고, 도움을 요청하는 것이었다. 책을 기다리는 분들로부터 응원받을 수 있을 것이라 기대했고, 운이 좋다면 이 영상이 퍼져 출판사들로부터 제안을 받을 수 있을 것이라 생각했다. 용기를 내어 카메라를 켰고, 현 상황을 담담하게 담아 영상을 촬영했다. "현재 출판사와는 계약이 해지되었고, 함께 책을 만들어 갈 새 파트너를 찾아야 하는 상황입니다. 여러분들 응원 부탁드립니다."

사실 걱정과 불안감도 있었다. '올렸는데 아무도 반응이 없으면 어떡하지?' '그럴 줄 알았다는 식의 비아냥으로 가득하면 어떡하지?' 하지만 그건 내가 예측할 수도 컨트롤할 수도 없는 결과였다. 그렇다면 내가 해야 하는 일은 촬영한 영상의 업로드 버튼을 누르는 것이었다.

그렇게 결심하고 콘텐츠를 업로드했다. 놀라운 일이 벌어지기 시작했다. 1분, 2분이 지나자 댓글이 빠르게 달렸다. 상황 자체를 공감하며 응원을 해 주는 댓글들이 이어졌다. 어떤 분들은 내 일처럼 분노하며, 길고 진심 어린 메일을 보내기도 했다. 그뿐만 아니라 놀랍게도 1시간도 지나지 않아 출판사들이 출간 제안 메일을 보내기 시작했다.

"커밍쏜 님을 오랫동안 지켜봐 온 구독자입니다. 출간 제의드

럽니다."

"메시지에 깊이 공감했고, 꼭 함께하고 싶습니다."

1인 출판사부터 대형 출판사들까지 출간 제의가 쏟아졌다. 그리고 내 이야기를 가장 진정성 있게 담아 줄 출판사와 연결될 수 있었다.

여기서 다시 한번 실감했다. 브랜딩이란 콘텐츠에서 잘나가는 모습만 보여주는 게 전부가 아니었다. 지금의 고민, 힘듦, 위로가 필요한 순간까지도 담담하게 공유하는 것이야말로 팬들과 깊은 유대감을 쌓을 수 있는 계기다. 팬들이 응원해 준 덕분에 더 많은 출판 관계자에게 퍼졌고, 덕분에 책 출간을 이어 갈 수 있었다. 솔직하게 상황을 드러낸 용기가 팬들의 응원으로, 생각치 못한 더 큰 기회로 이어졌다.

목표를 이뤄 나가는 과정에서 번아웃이 오기도 하고, 고민과 힘듦이 찾아오기도 한다. 그 순간을 혼자 짊어지기보다는, 나를 응원해 주는 분들에게 솔직하게 털어놔 보자. 그때 관계는 단순히 구독자와 크리에이터의 관계를 넘어, 진심으로 '서로의 팬'으로 바뀌게 된다.

두려워하지 말자. 힘들다면 기꺼이 공유하자. 당신이 망설이며 숨기는 힘듦과 고민은 누군가에겐 공감이고, 응원의 이유가 된다. 그 순간 사람들은 당신을 '나와는 전혀 다른 사람'이 아니라 '나와 비슷하지만 앞으로 나아가는 사람'으로 바라본다. 그렇게 그들은 단순한 구독자를 넘어 당신을 응원하는 팬이 된다.

지금까지 당신의 이야기에 힘을 얻어 온 사람들은, 당신이 힘들 때 가장 먼저 달려와 응원할 것이다. 그리고 그 응원이 당신이 포기하지 않고 계속 나아가야 할 이유가 되어 줄 것이다. 완벽하게 보여야 한다는 함정에 속지 말자. 언제나 오래도록 응원받는 브랜드는 완벽한 모습이 아니라 진정성 있는 모습에서 시작되니까.

네 번째 격파

지금
시작해야 하는 이유

크리에이터는 특별한 사람들이 하는 걸까?

그렇지 않다면, 지금 무엇부터 시작할 수 있을까?

내가 했으면
당신도 할 수 있다

내 콘텐츠를 지켜본 분은 알겠지만, 내가 처음 만든 유튜브 채널은 '커밍쏜'이 아니었다. 모바일 게임 채널 '쏜군tv'였다. 당시 구독자를 4만 명까지 키운 바 있다.

이 채널은 '퍼스널 브랜딩'을 의도하고 만든 것은 아니었다. 막막한 취준생 시절, 취업이 되지 않자 이력서에 눈에 띌 만한 경력 하나를 더하려고 시작했다.

막상 유튜브를 시작해 보니 어떤 주제로 해야 할지, 사람들이 좋아하는 콘텐츠를 어떻게 만들어야 할지, 썸네일은 어떻게 해야 하는지 막막했다. 성과가 없는데도 밑 빠진 독에 물 붓듯 콘텐츠를 만들었다. 그 과정에서 브랜딩 감각을 배웠고, 많이 얻었다.

어떻게 보면 나의 첫 브랜딩 경험이었기에 전할 수 있는 이야기가 많다. 지금부터 그 스토리를 잠깐 풀어 보겠다.

유튜브 아직 레드오션 아니다

대학교 경영학과 4학년 2학기가 찾아왔다. 공무원이나 자격증 시험 준비를 한다는 주변 동기들을 보면서 나도 이제 지옥 같다는 취업 준비에 뛰어들 때가 왔음을 온몸으로 느끼고 있었다. 나 같은 1990년대생은 늘 '역대 최고' 꼬리표가 붙었다. 2010년 수능은 응시자 수가 '역대 최고'였고, 대학 졸업을 앞둔 2019년엔 '역대 최다'인 74만 명이 취업 준비생이 되었다. 피라미드 같은 경쟁에서 뒤처지지 않기 위해 나도 열심히 위로, 위로 올라갔다.

사실 난 출신 대학교에 콤플렉스가 있었다. 요즘 세상에 대학 이름은 중요하지 않다지만, 대외활동이나 공모전에 참여해 봤다면 학교 간판이 눈에 보이지 않는 계급이자 기준임을 경험해 봤을 것이다. 내 자격지심일 뿐이었지만 누구나 원하는 대기업에 들어가는 것으로 스스로를 증명하고 싶었다.

과내 석차 1위를 했고 공모전에 세 번 도전해 두 번 입상했다.

주어진 조건에서 최선을 다했기에 졸업 전 마지막 학기 첫 공채 때는 자신감이 있었다. 누구나 알 만한 대기업의 마케팅 부서에 지원했다. 내 20대의 모든 기록과 열정을 압축해 지원서에 눌러 담았다.

서류 전형 결과가 하나씩 나오기 시작했다. 대학 생활 내내 가장 가고 싶었던 광고 대행사는 물론 다른 회사들도 처참하게 탈락했다. 첫 지원이다 보니 그랬다. 기업 분석이 부족했다. 자소서를 가독성 있게 쓰지 못했다. 가족과 친구들에게 핑계를 대고, 스스로도 그렇게 위로했다. 그렇지만 충격이 가시지 않았다. 한 번에 '취뽀'를 하겠다고 자신 있게 말하던 내 모습이 부끄러웠다.

마침내 지원한 회사에서 모두 떨어진 것을 확인한 날, 늦은 밤 카페 아르바이트를 마감하고 퇴근하다가 길에 주저앉아 펑펑 울었다. 여러 감정이 몰려왔지만 '서러움'이 제일 컸다. 온 세상이 '너 그렇게 잘 산 게 아니야. 너는 수많은 취준생 중 하나일 뿐이야' 하고 말하는 듯했다.

취업 준비생은 우울해할 시간도 없었다. 다음 공채 시즌이 빠르게 다가왔다. 경쟁자들은 이미 앞에서 뛰어가고 있었고, 그들을 따라잡으려면 더 숨차게 트랙을 뛰어야 했다. 영어 점수, 대외활동, 공모전 등 남은 기간에 무엇을 준비해야 할지 조사해 봤다. 트렌드 리서치를 위해 잡지를 보는 데 이런 문장이 눈에 들어왔다.

유튜브, 아직 레드오션 아니다.

당시 해외 유튜브 시장과 한국 시장을 비교한 기사였다. 2018년 한국에서는 벌써 유튜브가 '포화 상태'라며 레드오션이라는 말이 자주 들려왔다. 그런데 해외는 달랐다. 미국이나 유럽에서는 평범한 사람들도 자신을 표현하고 기록하기 위해 자기 채널을 운영했고, 다양한 1인 브랜드들이 쏟아져 나오고 있었다. 그에 비하면 한국은 이제 막 '유튜버'라는 직업이 인기를 얻던 수준이었다. 기사는 오히려 지금이야말로 도전할 기회라고 말했다.

하지만 당시 이 내용은 내게 큰 울림을 주지 못했다. 당장 스펙을 쌓아 취업해야 한다는 압박감에 새로운 길을 모색할 여유가 없었기 때문이었다.

그렇게 졸업을 앞두고 취업 준비로 바빴던 어느 날, 토익 학원을 다녀오는 버스에서 문득 그날 읽은 문장이 떠올랐다. 이런 생각이 들었다.

'토익 점수 5점, 10점 높이는 게 의미가 있을까? 이력서에 대외활동 한 줄 추가하는 것보다 오히려 유튜브를 시작하면 차별화가 되지 않을까?' 가슴이 뛰기 시작했다. 어차피 지원자들의 스펙은 다 비슷비슷할 텐데, 유튜브 채널 운영 경험은 분명 눈에 띄는 차별점이 될 것이라 생각했다.

실패해도 잃을 것은 없었다. 설사 아무런 반응을 얻지 못하고 끝내도 그저 똑같은 취업 준비생일 뿐이었다. 나에게 필요한 것은 오직 새로운 일을 시작할 용기였다. 남들과 똑같은 피라미드에 오르는 대신, 나만의 이야기를 만들어 승부하기로 마음을 먹었다.

콘텐츠 생산은 생각보다 어려웠다

그렇다면 무엇을 주제로 유튜브를 시작해야 할까? 바로 찍어 올릴 수 있으면서도 사람들의 관심을 어느 정도 끌 수 있어야 했다. 가장 먼저 떠오른 것은 '브롤스타즈'라는 모바일 게임이었다. 2017년에 출시되었지만 10여 년이 지나도 여전히 공략 영상이 올라올 만큼 전략이 중요한 게임이다. 한국에 정식으로 오픈하기 전부터 즐겨 왔던 터라 게임에 대한 이해도는 누구보다 높았다. 그래서 초보자들에게 작은 팁만 알려줘도 조회수가 나올 것이라 예상했다.

가벼운 마음으로 시작했지만 우스워 보이고 싶지는 않았다. 어설프게 시작하고 싶지 않았다. 촬영과 편집을 배워야 멋있는 콘텐츠를 만들 수 있을 것 같았다. 할 거면 제대로 하자는 평계를 댔고, 그렇게 시간이 흘렀다. 카페에서 시간만 보내며 취업 준비도 유튜브 준비도 못 하고 있던 때, 같이 취업을 준비하던 친구에게서 연락이 왔다.

"한다던 유튜브는 잘 하고 있어?"

"아니… 아직 준비하고 있어."

"얼마나 전문가처럼 하려고 그래? 그러다 결국에 너 시작도 못 할걸?"

반박할 수 없었다. 완벽하게 준비된 순간은 영원히 오지 않을 것이었다. 남들의 시선을 의식하다가는 평생 못 할 것이었다.

자꾸만 시작을 못 하는 원인이 무엇일까? 유튜브를 하려면 카메라가 있어야 하지 않나? 마이크도 있어야 하지 않을까? 간단히 테스트를 해 보니 촬영과 녹음은 손에 있는 아이폰 6s면 충분했다. 아니, 오히려 과분했다.

편집 프로그램이 문제였을까? 유튜버들이 쓴다던 프리미어 프로나 파이널컷을 써야 할까? 그런 프로그램은 딱 봐도 배우려면 시간이 많이 걸릴 터였다. 가장 쉬운 도구를 알아보다 윈도우 기본 영상 편집 도구를 발견했다. 간단한 컷 편집 정도만 가능한 도구였지만 오히려 간단한 작업에는 딱 맞았다.

혹시 얼굴을 노출해야 할까? 아니다. 얼굴을 드러내지 않고 구독자 몇십만 명을 보유한 게임 채널도 많았다.

결국 시작하지 않을 이유는 하나도 없었다. 더 이상 미룰 수 없게

끔 영상 업로드 디데이를 1월 13일로 정했다. 모든 준비는 끝났다. 이제 촬영만이 남았다. 텅 빈 집에서 생애 첫 유튜브 촬영을 시작했다. 촬영 버튼을 누르고 잠시, 긴장한 목소리가 새어 나왔다.

"안녕하세요… 쏜군입니다."

왜 이렇게도 어색할까. 첫 인사부터 삑사리가 났다. 촬영 전 연습할 땐 분명 괜찮았는데 이상하리만큼 목소리도, 톤도 마음에 들지 않았다. 한겨울인데도 이마에서 땀이 흘렀다. 인트로 하나 찍는 데만 30분, 1시간이 지났다. 그제야 초보일수록 대본이 꼭 필요하다는 점을 알았다.

촬영을 멈추고 급하게 대본을 썼다. 중요한 내용부터 중간중간 들어가는 추임새, 마무리 멘트까지 하나하나 적었다. 내가 무슨 말을 해야 하는지 숙지하자 조금은 나았다. 간단하게 30분이면 끝날 줄 알았는데, 첫 촬영은 2시간이나 걸려서 마무리할 수 있었다.

편집 프로그램으로 영상을 불러오자 또 한 번 충격을 받았다. 초반에 녹음했던 목소리와 대본을 작성하고 중간부터 다시 촬영했을 때의 목소리가 확연히 다른 톤으로 들렸기 때문이었다. 녹음을 중간에 멈췄다가 재녹음하면 안 되고 마이크 위치, 목 상태, 녹음하는 시간대가 조금만 변해도 원래 녹음본과 전혀 다른 결과물이 나온다는 것을 그때 알게 됐다.

결국 2시간이 걸려 촬영한 영상을 날리고 처음부터 다시 촬영하기로 했다. 안 그래도 퀄리티가 낮은데 목소리마저 어색하게 들리게 놔둘 수는 없었다. 다행히도 촘촘하게 쓴 대본 덕분에 빠르게 재촬영을 할 수 있었다.

이제 촬영본을 가지고 편집을 할 차례였다. 편집을 하다가 컷 편집, 배경음악 삽입 방법처럼 모르는 부분이 생기면 인터넷 카페에서 찾아서 배우고 적용했다. 그렇게 5분 분량의 영상을 만드는 데 7시간이 걸렸다.

완성된 첫 영상을 감상하기 위해 이어폰을 끼고 재생 버튼을 눌렀다. 바로 이어폰을 뺄 수밖에 없었다. 내 목소리는 민망하고 어색하고, 영상은 허술했다. 상상했던 내 첫 영상의 퀄리티와는 너무나도 달랐다. 영상을 업로드할까 말까 수없이 망설였다.

그렇지만 기껏 만든 영상을 혼자만 간직하기에는 들인 시간과 노력이 아까웠다. 무엇보다도 오늘은 영상을 업로드하겠다고 주변이 이미 선언해 둔 차였다. 일단 올려 보고 도저히 안 되겠으면 그때 내리자는 생각으로 업로드 버튼을 클릭했다. 로딩 바가 30%, 60%, 90%… 100% 올라가면서 업로드되는데 심장이 터질 것 같았다.

시간이 지나도 조회수도 없고 댓글은 달리지 않았다. 업로드하면서 오류가 생겼나 싶어서 기다려 봤지만 아무런 반응이 없었다. 무한 새로 고침을 반복했지만 역시 그대로였다. '에이, 그럼 그렇지. 유튜브 아무나 하는 거 아니네…' 하고 실망하던 중 조회수가 조금씩 올라가기 시작했다. 1회, 2회, 5회.

조회수가 몇 회고, 댓글이 몇 개고, 좋아요가 몇 개인지는 중요하지 않았다. 내가 올린 어설픈 영상을 누군가가 보고 반응한다는 게 중요했다. 내가 만든 영상이 유튜브라는 세상에 업로드되다니, 그걸 누군가가 소비한다니…. 계속되는 취업 준비에 위축됐던 나에게 작은 성취감이 생겼다.

이상이 취업 준비생이 광고쟁이와 브랜드 디렉터를 꿈꾸다가 모두 좌절되고, 1인 기업 생태계에 뛰어들게 된 이유다. 시작은 스펙 하나 더 추가하겠다는 마음이었지만, 이 시도가 내 인생을 통째로 바꾸게 될 것을, 그때는 몰랐다.

올리다 보면
언젠가 터진다는 착각

"솔직하게 말해도 돼? 진짜 미안한데 네 콘텐츠 재미없어…." 모두가 있는 자리였다. 동료 크리에이터끼리 모인 곳에서, 한 크리에이터에게 내 영상이 재미없다는 말을 대놓고 들었다. 그는 나보다 구독자 수가 무려 40배나 많았다. 얼굴이 뜨겁게 달아올랐다. 순간, 정말 도망치고 싶었다.

때는 가족도 모르게 게임 유튜브 채널을 개설한 지 석 달이 지나갔을 즈음이었다. 졸업 후에도 취업을 하지 못한 상태였다. 취업 준비를 계속하면서 영상 한 편을 만드는 데만 7~8시간이 걸렸지만 매주 콘텐츠를 하나씩 꾸준히 업로드했다. 그러나 반응이 보일

기미가 보이지 않았다. 아무리 영상을 올려도 조회수는 100회 남짓이었고, 구독자 수는 200명에서 좀처럼 늘어나지 않았다. 내 유튜브 활동을 아는 소수의 지인도 처음엔 응원했지만, 반응 없는 유튜브를 계속하는 나를 점점 철없는 취업 준비생으로 취급했다.

"구독자 200명으로 무슨 스펙이 되겠어?"

"지금 그런 걸 할 때가 아닌 거 같은데…. 그 시간에 공모전이나 대외활동이라도 하는 게 어때? 이력서에 한 줄이라도 더 써야지."

영상 반응은 없고 지원서는 넣는 족족 탈락이니 스스로에게 의심이 들 수밖에 없었다. 하지만 이미 졸업까지 한 마당에 뒤로 돌아갈 수는 없었다. 콘텐츠 만드는 시간을 늘렸다. 일주일에 하나 올리던 영상을 오히려 두세 개씩 올렸다. 유튜브를 시작하는 사람 열 명 중 아홉은 영상 10개도 못 올리고 포기한다고 한다. 하지만 나는 어느새 그 구간을 넘어 채널에 콘텐츠가 20개 이상 쌓이게 됐다.

어느 날 예상치 못한 댓글이 달렸다. 내가 콘텐츠로 올리는 게임의 개발사에서 크리에이터를 대상으로 무료 교육 과정을 여는데 여기에 초대하고 싶다는 제안이었다. 담당자가 관련 크리에이터를 선별하던 중에 우연히 내 영상을 봤고 조회수가 200회 남짓으로 적은데도 꾸준하게 업로드하는 모습에 호감을 느껴 연락을 준 것이었다. 덕분에 평범한 취업 준비생이었던 나는 몇만 구독자를 보유한 크리에이터들과 교육을 받을 수 있는 기회를 얻었다. 화면에서만 보던 인플루언서들과 직접 인사하고 대화할 수 있다는 것만으로도 놀라웠다.

교육 날, 유튜브 데이터 분석과 기획 교육을 듣고 케이스 스터디도 진행했다. 그전까지 나는 채널의 성패를 단순히 '운'의 영역이라고 생각했다. 꾸준히 올리다 보면 언젠가는 알고리즘이 나를 발견해 주고 수십만, 수백만 명에게 노출될 거라고 믿었다. 하지만 전문 교육을 받으면서 콘텐츠에도 전략이 있음을 배웠다. 내 콘텐츠가 노출됐을 때 얼마나 많은 사람이 클릭하는지를 보여 주는 '클릭률', 그리고 클릭한 뒤 얼마나 오래 시청하는지를 보여 주는 '시청 지속 시간'이 성패를 가른다는 사실이었다.

교육 후 뒤풀이 자리였다. 맞은편에는 동갑내기 크리에이터가 앉아 있었다. 우리는 금세 말을 텄다. 당시 내 채널의 구독자 수는 500명이었고, 그는 2만 명이나 되었다. 용기를 내어 물어봤다.

"내 콘텐츠는 왜 노출이 안 될까? 한 번만 알고리즘에 노출되면 분명 '떡상'할 거 같은데."

그가 말했다.

"잠깐 채널 좀 봐도 될까?"

그는 스마트폰을 꺼내 내 영상을 보기 시작했다. 고민하는 듯 한참 말이 없더니, 이 한마디를 들을 수 있었다.

"솔직하게 말해도 돼? 진짜 미안한데 네 콘텐츠 재미없어…. 그냥 네가 하고 싶은 대로 찍은 거 같은데?"

심장이 쿵 내려앉았다. 너무 창피했고 같은 테이블에 앉은 다른 크리에이터들도 이 대화를 지켜보고 있는 듯했다. 얼굴이 금세 빨개졌다. 머쓱하게 고맙다고 말한 다음, 서둘러 자리를 빠져나왔다. 집으로 돌아가는 버스 안에서 별별 생각이 다 들었다.

'나는 재능이 없나 보다.'

'다른 사람들 말처럼 취업 준비나 했어야 하나.'

그날 배운 클릭률이니 시청 지속 시간이니 하는 것들도 다 의미 없어 보였다. 콘텐츠 데이터를 분석하는 법을 알아서 무엇을 하나 싶었다. 기약 없는 취준 생활에 안 그래도 자존감이 떨어져 있는데 그 일은 그만하라는 신호처럼 느껴졌다.

이후 유튜브 콘텐츠 만들기가 꺼려졌다. 손이 도무지 가지 않았다. 또 영상을 올리면 그 자리에 있던 사람들이 찾아보고 비웃을 것만 같았다.

며칠은 그렇게 멈춰 있었던 듯했다. 그러나 나는 콘텐츠 만들기를 재미 삼아 시작한 게 아니었다. 취업에서 번번이 좌절하며 느꼈던 벽을, 내 방식으로 넘어 보기 위해 시작한 것이었다. 더 이상 뒤로 물러설 곳이 없었다.

그러다 내가 올렸던 콘텐츠 수십 편을 하나씩 다시 봤다. 한 가지 사실을 깨달았다. 나는 게임 플레이 화면을 녹화한 다음 적당히 편집해 올렸을 뿐이었다. 내가 잘 아는 게임 공략법과 좋아하는 플레이 같은 것들로만 채워 왔고 '기획'이라는 것이 없으니 다른 사람들이 볼 이유가 없었다.

그제야 내 콘텐츠에 대해 객관적으로 바라볼 수 있게 되었다. '꾸준히 올리면 언젠간 터지겠지' 하는 착각에 빠져, 사람들이 무엇을 궁금해하고 원하는지는 전혀 생각하지 않았다. 내게 편한 콘텐츠가 사람들에게 반응이 없는 것은 당연했다.

돌아보면 다른 채널들을 철저히 분석해 본 적이 없었다. 구독자 수가 내 것보다 이미 10배, 20배는 많은 채널들의 영상을 보기는 봤지만 나와 어떤 차이가 있는지 파고들지 않았다. 그래서 내가 보기 좋고 만들기 편한 쪽으로만 시간을 투자했다.

이는 유튜브뿐 아니라 모든 초보 콘텐츠 제작자가 빠지기 쉬운 함정이다. 소재를 어떻게 발굴할지 감이 없다 보니, 자신이 알고 있는 것을 풀어내는 데만 집중하고 사람들이 궁금해하는 것을 제대로 패키징하지 못한다. 또한 '특별한' 소재가 있어야만 한다고 믿는다. 초반일수록 많은 사람이 좋아하고 이미 검증된 소재를 기획해야 하는데 말이다.

구독자가 적은데도 조회수가 유독 높은 채널들이 있었다. 이런 채널은 천 명 대 구독자로도 1만에서 5만까지의 조회수를 보이고 있었다. 같은 게임 콘텐츠를 올리더라도 반응도가 높은 소재를 정확하게 선택한다는 것이 공통점이었다. 예를 들면 최신 업데이트 내용을 빠르게 다루거나, 인기 캐릭터를 소재로 삼았다.

초보 크리에이터가 따라야 할 길이 보였다. 그때부터 구독해 놓은 채널의 인기 동영상 탭에 들어가 조회수가 높은 소재들을 수집했다. 수많은 소재 중에서도 내 시선을 사로잡았던 것은 해외 게임 관련 소식과 게임 실험이었다. 국내엔 아직 들어오지 않은 업데이트 정보를 빠르게 제공하거나, 아무도 하지 않을 법한 게임 전략을 테스트해 보는 내용이었다. 관심 있는 분야라면 몇 시간이고 리서치하고, 내 상상대로 실험해 보는 걸 좋아했기에 이 정도는 얼마든지 재밌게 할 수 있었다. 단순하게 내가 하고 싶은 것들로 콘텐츠를 기획했던 과거와 달리 점점 뾰족한 방향성이 생겼다.

그렇게 유튜브를 시작하고 11개월 동안 콘텐츠를 100개 이상 만들었다. 평균 조회수가 100회 안팎이었던 내 채널에서 처음으로 15만 조회수를 달성한 콘텐츠가 나왔다. 사람들의 관심사와 내 흥미가 만나는 지점에서 높은 반응도가 만들어진 것이다.

다음 콘텐츠도 조회수가 약 10만 회가 나왔고 그다음 콘텐츠도 마찬가지였다. 버려진 줄만 알았던 내 채널은 그 흐름을 타고 한 달 만에 1만 구독자 수를 돌파했다. 이후 여섯 달 만에 4만 구독자 수를 달성할 수 있었다.

그 결과로 아무것도 없던 취준생이 수많은 기회를 얻었다. 브랜드로부터 지원을 받아 팬 미팅을 진행하고, 롯데월드에서 열린 행사에서 MC로 섰다. 세계적인 게임 행사 지스타G-STAR에 초청되어 호텔과 경비를 지원받았고 일부 행사의 해설도 담당했다. 무엇보다 반응이 없는데도 콘텐츠를 올리며 여러 소재와 포맷을 실험해 본 과정은 그 자체로 나만의 스토리가 되었다.

덕분에 취업 시장에서 스펙만을 강조하는 수백, 수천 명의 지원자 속에서 나를 차별화할 수 있었다. 서류 합격률이 눈에 띄게 올랐고, 면접에서도 내 경험을 묻는 일이 이어졌다. 마침내 1년 6개월 만에 취업 준비를 끝내고 대기업 마케팅 부서에 합격했다.

나에게는 특별한 재능도, 거창한 아이디어도 없었다. 오직 '일단 올려 보자'는 마음으로 시작했고, 조회수 100회가 15만 회가 되기까지 열한 달이 걸렸다. 그 과정에서 달라진 것은 무엇보다 세상을 바라보는 내 시선이었다. 나는 이제 그 전과 똑같이 세상을 바라보지 못하게 되었다.

모든 게 연결되는 이 시대에 평범한 상태를 벗어나는 방법은 SNS에서 나를 드러내고 퍼뜨려 남에게 발견될 가능성을 높이는 것이다. 처음에는 조회수 1회, 댓글 1개가 전부일지 모른다. 하지만 그 콘텐츠가 누군가에게 퍼져 기회가 생기고 다음 기회로 연결된다. 이렇게 만든 나의 스토리는 강력한 힘을 가진다.

30살에 대기업을
퇴사한 이유

유튜브 덕에 명문대생도 이과도 아닌 문과 취준생이 H그룹에 입사할 수 있었다. 심지어 1년 차 신입이 대기업 유튜브 채널 담당자라는 명함을 얻었다. 사무실 책상, 내 방 책상에는 언제나 회사 명함이 자리했다. 협력사 직원을 만날 때도 명함을 주고받을 때도 당당할 수 있었다. 명함은 내 자부심이자 내 가치를 높여 주는 아이템이었다.

H그룹 기업 채널은 제로베이스부터 기획해야 했다. 채널의 방향성부터 그 목적에 적합한 콘텐츠 콘셉트 잡기까지 하나하나 기획해 나갔다. 편당 예산이 천만 원이 넘는 영상을 기획하고 제작

현장에서 디렉팅을 하는 것부터, 대행사와 소통하며 업무를 조율하는 것까지 다양한 경험을 쌓을 수 있었다. 혼자 채널을 운영할 때는 경험할 수 없던 업무 프로세스, 콘텐츠 기획안 작성법 등 수많은 일을 회사 돈을 써 가며 배웠다.

나는 콘텐츠를 기획하고 만드는 일을 좋아했고, 회사 일을 하면서 모호하게나마 꿈이 생겼다. 언젠가는 콘텐츠 브랜딩 전문가가 되고 싶었다. 브랜드들에 컨설팅을 해 주며 좀 더 자유롭게 살고 싶었다. 당시 회사에서 담당하던 콘텐츠 업무가 그 꿈에 가까워지는 데 도움이 되리라 믿었다.

하지만 기대감은 순차적으로 깨져 갔다. 오래 걸리지도 않았다. 이곳은 회사였다. 내 색깔과 의견을 마음껏 펼치기보다는 회사 시스템 안에서 돌아가야 하는 구조였다. 나는 외부 사람들이 보기에도 재밌는 콘텐츠를 만들기 원했는데 회사는 기업 홍보용 콘텐츠가 필요했다. 직원들의 직무 소개나 봉사활동, ESG 활동, 기업의 역사를 담은 영상을 원했다.

"기획안은 재밌는데 이건 네 채널에서 하고, 좀 더 고급스러우면서 참신한 것을 생각해 봐."

기획안은 번번이 반려되었다. 팀장의 말에 머리를 한 대 맞은 것 같았다. 브랜딩과 콘텐츠 기획에서 중요한 것은 나만의 기준이라고 생각했지만, 월급을 받는 입장에서 내 색깔만 고집할 수 없었다. 입사 초반에는 기업 채널이더라도 새로운 시도로 사람들이 자발적으로 찾아와 웃고, 감탄하고, 다시 보고 싶어지는 채널을 만들고 싶었다. 하지만 트렌디한 기획을 하더라도 수많은 유관 부서의 컨펌이 필요했고, 그 과정에서 기존 기획 방향이 틀어지는 경우가 많았다.

해 보고 싶은 일이 많았지만 점점 무력해졌고 기획에서 내 생각을 내려놓기에 이르렀다. 그렇게 3년 차가 되었지만 내가 바꿀 수 있는 것은 아무것도 없었다. 열정은 조금씩 사라졌고, 결국 나도 안정적인 선택을 택하는 사람 중 하나로 변해 갔다.

대기업 조직 안에서 굴러가는 삶은 안정적이었다. 불확실한 크리에이터의 삶과는 달랐다. 높은 연봉에 만족스러운 복지, 주변의 인정이 따라왔다. 하지만 그토록 좋아했던 콘텐츠 기획과 제작에 흥미를 잃어 가자 '이게 맞나?' 하는 의심이 들었다. 눈앞에 안정적인 수익이 있음에도 3년 후, 5년 후 내 모습을 고민하는 날이 늘어났다.

당황스러웠다. 나는 조직 안에서도 나만의 커리어를 쌓을 수 있을 것이라 믿었고 그게 더 행복할 수 있는 방법이라고 여겼다. 선택에 대한 확신이 흔들리다 보니 나와 반대의 선택을 한 사람들이 떠올랐다. 비슷한 시기에 유튜브를 시작한 지인들에게 오랜만에 연락했다. 마음 한구석엔, 그들은 나보다 더 불안해하고 있을 거라는 기대가 있었다. 나만 이런 불안을 느끼는 게 아니라는 사실을 확인해 얄팍한 위안이나마 얻고 싶었다.

그러나 막상 연락해 보니 그들은 즐거워 보였다. 일을 재밌어했다. 본인을 위해 콘텐츠를 쌓으며 스스로를 브랜딩하고 있었다. 팬이 생겼고 자유롭게 일했으며 동시에 자신의 가치가 높아지고 있었다. 무엇보다도 그들은 자신이 선택한 방향에 확신이 있었다.

회사에서 언제든 대체될 수 있는 나와 달리 점점 대체 불가해지고 있었다. 회사에만 열정을 쏟은 나를 필요로 하는 곳은 지금 다니고 있는 회사 한 곳뿐이었다. 몸값, 기회, 선택권 등 모든 측면에서 격차가 벌어지고 있었다. 3년, 5년 후 그 차이는 더 벌어질 수밖에 없다는 것을 직감했다.

물론 회사에서도 성장할 수 있다. 조직에 인정받고 경력을 키워 이직하고 연봉을 높이면 된다. 하지만 그건 내가 바라는 방향으로의 성장이 아니라는 확신이 들었다. 시간이 지날수록 오히려 안전하다고 생각했던 회사가 불안해질 수밖에 없고, 오히려 나 자체가 브랜딩되는 삶이 안정적으로 바뀔 거라는 생각이 들었다.

중요한 것은 내 인생의 핸들을 누가 잡느냐였다. 나는 시행착오를 겪더라도 스스로가 대체 불가한 브랜드가 되기를 원한다는 것을 깨달았다. 내가 가고 싶은 방향은 북쪽이지만 내가 탄 버스는 남쪽을 향해 달려가고 있었다. 선택지는 두 가지였다. 언젠가는 버스가 저절로 유턴해서 북쪽으로 올라가길 바라는 것과, 지금 버스에서 내려서 북쪽으로 걸어가는 것이었다. 언제가 될지 모르는 유턴을 마냥 기다리기에는 내 나이가 너무 아까웠다.

나이 30살, 대기업 3년 차, 연봉 5,500만 원. 결국 나는 가족, 회사 선배, 지인들의 만류에도 불구하고 퇴사를 결정했다. 그리고 커밍쏜 채널을 만들었다. 나만의 길을 만들어 가기로 선택했다.

나보다 잘하는 사람의
말을 들어라

너 퇴사한 거 후회할 거야. 사람들 말이 사실이 되면 어떻게 할까? 온갖 부정적인 생각이 머릿속을 점령했고 자존감이 바닥을 쳤다. 돈 걱정 때문에 카페에서 마시는 아메리카노 값도 부담이 되었다. 지출을 줄이느라 동기와 지인과도 연락을 끊기 시작했다. 그래야 내가 결과를 낼 때까지 버틸 수 있을 것 같았다.

스스로 점점 작아지는 기분이었다. 내 주변엔 회사에 다니는 직장인뿐이라 조언해 줄 사람이 딱히 없었다. 도움을 구할 곳은 다른 크리에이터들의 콘텐츠와 책뿐이었다. 다행히 그들의 유튜브와 인스타그램, 책에는 몇 년 전부터 남겨 온 기록이 쌓여 있었다. 현재의 완성된 모습이 아니라 성장해 온 과정의 흔적들이었다. 방법이 없으니, 나는 그들의 책을 두 번, 세 번씩 읽고 초기 콘텐츠부터 정주행하기 시작했다. 그러다 공통점 한 가지를 발견했다.

여러 매체와 인터뷰하고, 전국 강연을 하고, 베스트셀러를 쓰는 등 지금 화려해 보이는 그들도 처음에는 아무런 반응이 없던 때가 있었다. 불안과 좌절을 겪었다. 크리에이터라면 누구나 조회수와 팔로워 수가 정체되는 문제를 놓고 고민하고, 기대만큼 반응이 나오지 않아 방황하기도 했다. 하지만 그들은 무기력하게 멈춰 있기보다는 앞서간 사람들의 방법을 배우고 적용했다. 실력이 부족하다는 것을 알면 배움에 투자하고 그 과정을 기록했으며 반응이 있든 없든 계속해서 콘텐츠를 만들었다.

그제야 내가 무기력하고 불안했던 이유를 깨달았다. 나는 돈을 아낀다는 이유로 아무것도 하지 않았다. 밖에 나가지 않고 골방에만 틀어박혀 머리를 싸매고 컴퓨터 화면을 들여다보고 있었다. 영상 촬영 실력을 키우고 콘텐츠 몰입도를 높이는 법을 배우지 않았고, 새로운 사람들을 만나 새로운 시각을 얻을 수 있는 기회도 버렸다. 그렇게 인풋이 사라지자 성장이 멈췄다. 가만히 있으니 바뀌는 것은 아무것도 없었다.

돈이 궁한 상황이었지만 배움에 투자하는 일은 장기적으로 볼 때 남는 장사라고 생각하기로 했다. 시행착오를 줄여서 귀한 시간을 아낄 수 있으니 말이다. 무엇보다 지금 내게는 내 메시지를 콘텐츠로 제대로 전달하는 일이 가장 중요했으므로 영상 촬영과 편집 능력부터 키워야 한다는 생각이 들었다. 영상 촬영과 편집 기술을 독학하기는 했지만 콘텐츠의 구성이 단조로웠다. 지금까진 혼자 앉아서 단순히 내레이션하는 방식을 많이 사용했는데, 이제는 사람들이 내 메시지에 더욱 공감할 수 있게 표현해야 했다.

수많은 영상 강의 중 진정성 있다 느낀 유튜버의 영상 편집 강의를 골라 결제했다. 강의료가 20만 원이었지만, 유튜버가 이 강의를 만들기 위해 얼마나 시간을 쏟고 노력했는지 공유하는 콘텐츠를 보고 믿음이 갔다. 백수에게 적지 않은 돈이었기에 들인 돈이 아까워서라도 반복해서 보며 몰입할 수 있겠다 싶었다.

예전에는 돈 낭비라고 생각했던 1시간 내외의 콘텐츠, 브랜딩 강연도 찾아다니기 시작했다. 강연장에는 해당 크리에이터를 좋아하는 팬도 모이지만, 그 주제에 대해 에너지를 가진 사람들 역시 모이게 된다. 주위에 그런 에너지를 얻을 수 있는 곳이 없었기에 내 발로 찾아갔다. 또한 인풋만큼이나 중요한 게 시각화였다. 무대에 올라서 수십, 수백 명 앞에서 강연하는 연사를 보며 내가 미래에 그곳에 서 있을 모습을 상상했다. 강연이 끝나고 나면 꼭 강연장 무대에 서서 객석을 바라봤다. 사진을 찍기 위해 기다리는 사람들을 바라보며 1년, 2년 안에 내가 강연할 모습을 그려 봤다.

자꾸만 무기력해지려는 마음을 다잡을 수 있었다.

당시에는 이미 본인만의 뾰족한 주제를 브랜딩하고 독립적으로 수익화를 이룬 사람들이 많았다. 저 멀리 구름 위에 있는 유명 크리에이터들보다 이 사람들이 지금 내 상황에 더 맞는 조언을 해 줄 수 있겠다고 생각했다. 만나보고 싶은 분이 있다면 DM을 보내 커피챗을 제안했다. 사실 무척이나 떨렸다. 나에게는 그 어떠한 영향력도 없었기에 **처음엔 열 번 시도하면 열 번 모두 거절당했다.** 대부분은 답장이 아예 없었고 단답으로 거절하는 경우도 많았다.

거절당할 때마다 무안했지만 잃을 게 없는 게임이라 생각하기로 했다. 제안하는 게 돈이 드는 일도 아니니까. 나는 민망함보다 **내가 무엇을 줄 수 있는지, 상대에게 필요한 것을 제안하는 데 집중했다.** 나를 일방적으로 소개하는 멘트는 줄이고 상대방 입장에서 필요한 도움을 조금이라도 줄 수 있다고 어필했다. 내 경우에는 그게 유튜브였다. 이미 자리 잡은 1인 기업이더라도 인스타그램, 블로그가 기반인 분들은 언제나 유튜브에 대한 필요성을 느끼고 있었다. 다만 진입장벽이 높다 보니 시작을 못 하는 경우가 많았다. 나는 여러 채널을 브랜딩하고 성과를 만든 경험이 있으니 유튜브 콘텐츠 제작, 기획, 방향성 등에 도움을 줄 수 있다 제안했다. 그들 입장에서 만나도 손해 볼 일은 없었다. 커피챗 제안을 10명에게 보내면 1명, 2명에게 답장이 오기 시작했다. 그중 한 번의 만남이

성사되면 그것만으로도 성장하는 계기가 되었다.

그들과 대화하며 내가 그리는 라이프스타일대로 살아가는 사람이 이미 많음을 체감했다. 또한 어떻게 제로베이스에서 시작해서 1인 기업으로 살아갈 수 있었는지 들었다. 핵심은 바로 콘텐츠였다. 이들과 커피챗을 할수록 나를 브랜딩해서 독립적으로 일하는 라이프스타일에 대한 확신이 생겼다.

불안감이 나를 갉아먹게 놔두지 않고 가진 에너지를 집중하기로 했다. 아침에 일어나자마자, 잠자기 전에도 콘텐츠를 만들었다. 새로운 편집법을 배우면 바로 적용했다. 하루에 콘텐츠가 몇 개가 되든 계속해서 쏟아내고 업로드하기를 반복했다.

반응이 기대에 미치지 못해도 부족한 점을 분석해서 보완했다. 조회수가 이전에 올린 영상보다 낮았다면, 클릭률과 시청 지속 시간이 떨어졌는지 확인했다. 만약 수치가 떨어졌다면 이유를 찾고 어떻게 보완할지를 고민했다.

인스타그램이든 유튜브든 SNS에 이미 정답이 나와 있었다. 사람들의 시선을 끄는 콘텐츠는 수없이 많았다. 내 콘텐츠 조회수가 낮거나, 구독 전환 비중이 낮은 데는 분명한 이유가 있었다. 반응도가 높았던 썸네일, 제목, 대본, 포맷 등 차이를 분석하고 그 지점을 집요하게 파악해서 가설을 세웠다. 그리고 다음 콘텐츠에 반영해서 가설을 검증했다.

그렇게 인스타그램 콘텐츠는 59개가 쌓이고 유튜브 콘텐츠는 15개가 쌓였다. 어느 날 인스타그램에서 먼저 반응이 생기기 시작했다.

2개월 차 팔로워

인스타그램 5,002명, 유튜브 730명

조급할 게 없었다. 메인 플랫폼인 유튜브에서 반응은 아직 없었지만 방향성과 방법에 대한 확신이 있었으니까. 계속해서 그 방향대로 매일 13시간 이상 콘텐츠를 만드는 데 올인했다. 그렇게 3개월 차에 유튜브에 콘텐츠가 37개 쌓였고 인스타그램에서는 96개 쌓였다.

3개월 차 팔로워

인스타그램 8,004명, 유튜브 5,615명

그렇게 기다렸던 유튜브에서 처음으로 반응도가 생겨나기 시작했다. 구독자, 팔로워가 늘어나 기쁘기도 했지만 무엇보다 내 방법과 방향이 통한다는 것을 증명했다는 데 안도했고 해낼 수 있겠다는 확신이 생겼다.

쌓인 신뢰가
오프라인으로 나온 순간

퇴사 3개월에 접어들고 1인 기업으로 살아가는 법에 대해 슬슬 감도 잡힐 무렵이었다. 한 가지 전환점이 되는 일이 생겼다. 인스타그램을 통해 친해진 동료 크리에이터로부터 제안이 온 것이다.

커밍쏜 님, 저희 같이 강연 한번 할래요?

나도 콘텐츠를 쌓으며 대략 1만 명 이상의 구독자와 팔로워가 생겼지만, 절대 크다고 할 수 없었다. 그들이 화면 밖으로 나와 나를 보러 와 줄지는 전혀 알 수 없었다. 내가 강연을 한다고 사람들이 모일까? 아무도 안 오면 어떡하지?

하지만 이 기회를 놓치고 싶지 않았다. 강연장에 오르는 내 모습은 내가 늘 시각화하던 모습이었다. 그렇게 12월, 유튜브를 주제로 브랜딩을 해 나가는 세 명의 크리에이터가 모였다. 세 명 모두 강연을 해 보기는커녕 기획해 본 적도 없었다. 하지만 올해가 끝나기 전 오프라인 강연이라는 작은 목표를 이루고 싶다는 열정이 있었다.

서툴더라도 중요한 것들부터 하나씩 정했다. 우선은 일정, 장소, 강연 주제였다.

가장 먼저 강연의 방향성을 정했다. 크리에이터 셋이 모여 무슨 주제로 강연을 할 수 있을까? 최대한 겹치지 않으면서도 서로 시너지를 낼 수 있는 주제를 찾는 게 핵심이었다. 세 번의 회의 끝에, '유튜브를 시작하는 사람들의 시행착오를 줄여 줄 가치'를 전하자는 데 의견이 모였다. 각각 자신 있는 파트를 맡았다. 나는 유튜브 퍼스널 브랜딩을, 한 분은 유튜브 수익화를, 한 분은 유튜브 알고리즘을 담당하기로 했다. 강연에 참여하는 분들이 가장 고민하는 유튜브 브랜딩부터 알고리즘, 수익화 방법까지 모두 얻어 갈 수 있도록 기획했다.

다음으로 일정과 장소를 정했다. 12월이었기에 송년회 시즌을

피해 많은 분이 올 수 있는 날짜를 고민했다. 그래서 주말 대신 평일로 정했고, 수십 개 강연장 중 톤 앤 매너가 맞는 곳을 예약했다. 강연 주제와 일정, 장소가 일사천리로 정해졌다. 문제는 홍보였다.

하나하나 기획할 때는 사람들 앞에서 강연을 할 생각에 설렜지만, 막상 모집 게시물을 올리고 홍보할 생각을 하니 긴장되기 시작했다. '아무 반응도 없으면 어떡하지?' 불안한 마음을 안고 강연 홍보 게시물을 업로드했다.

놀랍게도 단 일주일 만에 전석이 매진됐다. '정말 이게 되는구나' 하는 생각이 들었다. 기대된다는 댓글과 DM이 이어지면서 책임감이 더욱 커졌다. 나는 밤을 새워 강연 자료를 만들고 연습했다. 드디어 떨리는 마음으로 강연장을 찾았다. 그리고 나는 그 자리에서 처음으로 '퍼스널 브랜딩의 힘'을 실감했다.

강연이 끝난 후, 구독자와 팔로워 분들이 내 주변으로 모여들었다. "콘텐츠를 통해 큰 도움을 받았다", "계속 응원하고 있다"는 말이 쏟아졌다. 불과 몇 달 전만 해도, 나는 평범한 직장인이었다. 내가 한 것은 단 하나, 내 경험을 콘텐츠로 나누며 사람들에게 도움이 되고자 했을 뿐이다. 그렇게 쌓인 콘텐츠는 내가 어떤 사람인지, 어떤 경험이 있고, 어떤 가치를 줄 수 있는지를 세상에 알렸다. 아무도 몰랐던 내가, 이제는 1만 명의 사람들에게 '필요한 사람'으로 인식되기 시작한 것이다. 화면 밖으로 나와 강연장에서 실제 사람들을 만나지 않았다면 실감하지 못했을 감각이었다.

콘텐츠를 통해 나의 도움이 필요한 사람들이 연결되자, 그토록 바꾸고 싶었던 인생이 정말로 움직이기 시작했다. 그 중심에는 브랜딩이 있었다. '이걸 1년, 3년 지속하면 내 삶은 얼마나 달라질까?' 그렇게 나는 처음으로, 앞으로의 시간이 기대되기 시작했다.

소속이 사라지자
내 이름이 보였다

나는 누구일까? 대기업 직장인 시절, 내 정장 안 주머니엔 언제나 회사 로고와 부서명이 찍힌 명함이 있었다. 처음 만난 사람에게 명함 한 장만 주면 내 모든 것을 설명할 수 있었다. 명함은 참 효율적이다. 이 사람의 연봉, 사회적 지위, 살아온 길, 앞으로의 모습까지 짐작할 수 있으니 말이다. 특히 대기업 명함은 어디서나 통했다. 만나는 대부분의 사람은 나를 인정했고 나는 우쭐해졌다.

당연한 말이지만 퇴사 후 명함이 없어지자 알량한 정체성은 금방 흐려졌다. 생각해 보면 나를 소개할 땐 늘 이름보다 소속을 먼저 말했다. 그런데 이제 소개할 회사도, 부서도 없었다. '집에서 혼자 콘텐츠를 만드는 나는 누구지?' 크리에이터라기에는 구독자도, 팔로워도 너무 적고 내가 온전히 설명되는 것 같지도 않았다. 나 자신을 제대로 정의하지 못하자 자존감도 낮아졌다.

그러던 중 일본의 천재 비즈니스 컨설턴트 간다 마사노리의 《비상식적 성공 법칙》을 읽다 이상한 문장을 만나게 됐다.

> 스스로가 평범한 사람이라고 생각하는 한 당신은 성공할 수 없다. 다른 사람이 아닌 내가 되고 싶은, 나만의 직함을 만들고 그에 맞는 스타일을 갖춰라. 그렇게 행동하게 되고, 그게 현실이 되는 것을 경험하게 될 것이다.

'내가 나를 정의한다고 진짜 그렇게 될까?' 의심이 들어 책을 덮었다. 하지만 계속해서 그 말이 머릿속을 맴돌았다. 해외의 억만 장자들도 본인이 직접 만든 직함을 핸드폰, 다이어리, 스케줄러에 적어 스스로 각인시킨다는 부분도 인상 깊었다. '어쩌면 한번쯤 해 볼 만하지 않을까? 돈 드는 것도 아니고.' 서랍에서 포스트잇을 꺼내 펜을 들었다.

생각보다 내가 원하는 내 모습이 뚜렷하게 그려지지 않았다. 이상과 현실이 왠지 모르게 충돌했다. 정장 입은 직장인이었던 나와 집 안 방구석에서 구독자도, 수입도 없이 초라하게 혼자 작업하는 지금의 내가 동시에 떠올랐다. 내가 되고 싶은 것은 크리에이터이지만, 실제 어떤 성과가 있는 것도 아닌데 내가 나를 그렇게 정의해도 괜찮을까? 명함 하나 적는 데 30분이면 될 줄 알았는데, 3시간이 지나도 정리되지 않았다.

다른 사람의 시선을 버리고 자신에 대한 의심도 내려놓고, 더 솔직한 나와 마주해야 했다. '3년 후 내가 되고 싶은 모습은?' 스스로에게 물었다. 지금의 내 모습과 단절하는 데 집중했다. 현재 내 상황과 모습이 조금씩 지워지고, 미래의 나를 상상하며 써 내려갔다.

내가 원하는 모습이 대부분의 마케팅, 브랜딩 전문가가 그러하듯 큰 회사에 몸 담으며 전문성을 강조하고 컨설팅하는 모습일까? 아니었다. 나는 좀 더 자유롭고 싶었고, 더 재밌게 살고 싶었다. 내가 원하는 3년 후 모습은 자유롭게 작업하며 내가 일하는 시간과 장소를 정하는 콘텐츠 크리에이터였다. 상상 속의 나는 파랑 계열의 루즈한 맨투맨, 니트, 후드에 오버핏 청바지를 입고 운동화를 신고 있었다. 내가 만드는 콘텐츠에서 나는 자유롭게 돌아다니며 사람들에게 경험을 공유하고 있었다. 그렇게 한 명의 크리에이터가 선명하게 그려지기 시작했다.

직함을 만들 차례였다. 나는 어떤 크리에이터가 되고 싶을까? 커밍쏜 브랜드를 기획할 때 내가 이 주제를 선택한 이유는 바로

'브랜딩으로 누구나 인생에서 주인공이 될 수 있음을 더 많은 사람들에게 보여 주고 싶다'는 것이었다. 나는 단순히 유튜브 운영법이나 퍼스널 브랜딩을 알려주는 사람이 되고 싶은 게 아니었다. 스스로 브랜드가 되어 가는 과정을 공유하고, 평범한 사람도 자신만의 브랜드를 만들고 주체적인 삶을 만들어 갈 수 있게 돕고 싶었다. 또한 내가 원하는 곳에서 일하는 자유로운 삶을 만들고 싶었다.

그래서 세상에 없는 나만의 직함을 이렇게 만들었다.

주인공의 라이프스타일을 만들 수 있도록 돕는 디지털 노마드 크리에이터, 커밍쏜

내가 커밍쏜 브랜드를 통해 만들고 싶은 3년 후의 모습이 담겨 있었다. 비로소 나의 정체성을 정의하자 명함이 사라진 후 자존감을 잃고 방황했던 이유를 깨달았다. 퇴사하고도 직장인의 정체성을 가지고 일하다 보니 내 안에서 충돌이 일어났고 여기서 생긴 무기력함이 콘텐츠에서도 드러났다. 오전 9시에 일을 시작하지 않으면 하루를 망쳤다고 여겼고, 집에서 작업한 시간을 사무실에서 일한 시간만큼 존중해 주지 않았다. 누군가를 만날 때도 마땅한 소속이 없어서 비선문가처럼 보일까 봐 두려워했다.

이제 내가 정의한 정체성에 맞게 모든 것을 바꿔야 했다. 먼저 나 스스로 정체성을 항상 인식할 수 있도록 환경을 바꾸었다. 책상 옆 모니터에 내가 정의한 키워드를 적은 포스트잇을 붙이고, 휴대폰 배경화면에도 키워드를 띄워 두었다.

출근 시간도 바꿨다. 6시 30분에 일어나 9시에 출근하는 직장인의 루틴을 벗어나 아침에는 좀 더 여유롭게 러닝을 하고 책을 읽고 나서 작업을 시작했다. 그리고 내가 계획한 콘텐츠 기획과 제작이 끝난 뒤에야 퇴근했다. 처음엔 어색했지만 점점 내가 몰입할 수 있는 시간대를 찾았고, 크리에이터다운 루틴이 생겨났다.

일하는 장소도 바꿨다. 집, 카페, 공유 오피스를 오가며 내 컨디션에 맞게 선택했다. 콘텐츠 기획은 장소에 크게 구애받지 않으니 어디서든 몰입할 수 있었다. 사무실에 묶여 있어야 했던 과거와 달리, 서울 곳곳을 자유롭게 이동하며 일했다.

옷도 바꿨다. 직장인 시절에 입던 정장을 집어넣고, 내가 상상한 크리에이터에 어울리는 옷을 샀다. 색은 커밍쑨의 파랑이었다. 오버핏 맨투맨, 니트를 입고 촬영하고 커피챗에 가고 외부 활동을 하기 시작했다.

마침내 새로운 모임에서 누군가를 만나게 될 때면 지금의 내 상황이 초라하다 생각하지 않고, 내가 정의한 내 정체성대로 나를 소개하기 시작했다.

나 : 안녕하세요, 크리에이터 커밍쏜입니다.

A : 크리에이터면 어떤 콘텐츠를 만들어요?

나: 사람들이 퍼스널 브랜딩을 통해 인생에서 주인공이 될 수 있도록 돕고 있어요.

당장의 구독자 수나 조회수는 중요하지 않았다. 유명하지 않다는 이유로 주저하지 않았다. **중요한 것은 내가 나를 스스로 정의했다는 사실이었다.** 지금의 지지부진함이 3년 후 내가 꿈꾸던 라이프스타일을 현실로 만들어 가는 과정이라면 작아질 이유가 없었다.

물론 그렇다고 삶이 당장 바뀐 것은 아니다. 하지만 놀랍게도 나만의 직함을 만들자 '나는 진짜 그렇게 될 거니까', '그렇게 되고 있으니까'라는 인식이 생겼다. 내 정체성과 내가 하는 일이 일치하자 불안감은 줄어들었다. 톱니가 맞물리듯 앞으로 나아갈 수 있는 힘이 만들어지기 시작했다. 그렇게 나만의 명함은 내가 하는 행동과 선택의 기준이 되었다.

콘텐츠를 만들기 버거울 때면 내가 정의한 정체성을 떠올리며 견뎠다. 성과가 나지 않아 불안할 때도 내 직함에 쓴 모습처럼 '잘 가고 있다'고 스스로를 믿었다. 매일 명함을 보고 크리에이터가 된 내 모습을 상상했다.

3년이 지난 지금 내가 정의한 나는 현실이 되고 있다. 격식 있는 정장이 아닌 크리에이터로서 루즈한 핏의 옷을 입고, 다른 사람들이 주인공이 되도록 돕는 컨설팅과 강연, 클래스를 진행하고 있다. 나를 원하는 브랜드들과 협업하며 원하는 시간, 원하는 장소에서 작업을 하는 삶을 만들어 가고 있다.

유튜브와 인스타그램에는 1,000개가 넘는 콘텐츠가 쌓여 있다. 덕분에 그럴듯한 표현으로 나를 소개하고 꾸미지 않아도, 내 채널에 쌓여 있는 콘텐츠는 내가 어떤 경험이 있고, 어떤 것을 할 수 있는지를 설명한다. 그뿐만 아니라 그렇게 내가 브랜딩되자 이제 나는 나를 세일즈하지 않는다. 과거와 달리 세일즈하는 이메일을 보내고 협상을 하지 않는다. 놀랍게도 내게 오는 90% 이상의 광고, 협업 제안들은 내 콘텐츠를 시청하며 내 브랜드와 결이 맞는 분들에게서 온다.

커밍쑨 님의 정체성과 저희 브랜드 방향성이 맞아서 제안드립니다.
저도 주인공이 되는 삶을 만들어 가고 싶어서 컨설팅을 신청합니다.

그들이 이미 나에 대해 이해하고 있다 보니 협업을 할 때도 훨씬 좋은 결과물을 만들 수 있다. 무엇보다도 갑을 관계가 아니라 동등한 입장에서 함께 일할 수 있다. 이제는 나를 소개하는 명함이 없어도, 수많은 제안이 찾아온다. 단가가 높아졌고 협업 제안 중 내 방향성과 맞는 프로젝트를 선별하게 됐다. 물론 외제 차를 끌고 다니고 명품을 쓸어담는 삶을 SNS에 전시할 만큼 벌지는 못한다. 그렇게 하고 싶지도 않다. 대신 내가 오랫동안 꿈꿔 왔던 대로, 이제는 어디에도 소속되지 않아도 커밍쏜이라는 브랜드 자체가 내 소속이 되었다는 점이 가장 큰 만족을 준다.

다섯 번째 격파

노력해도
반응이 없는 이유

성과를 내는 콘텐츠의 비밀은 무엇일까?

이를 어떻게 내 콘텐츠에 적용할까?

들인 노력만큼
성과를 얻는 법

　　　　　유튜브를 시작한 사람들의 95%는 첫 영상 조회수가 100회를 넘지 못한다. 구독자는 한 명도 늘지 않는 경우가 대부분이다. 영상에 들인 시간과 노력이 있기에 당연히 실망한다.

　"아… 유튜브는 역시 레드오션이구나." 이렇게 초반의 벽을 넘지 못하고 사라지는 이들이 정말 많다. 나 역시 똑같은 경험을 했다. 처음 만든 채널의 반응은 저조했고, 창피했고, 좌절도 컸다. 하지만 그때 반응이 없었던 진짜 이유는 무엇일까? 정말 유튜브가 레드오션이고, 알고리즘이 나를 버렸기 때문일까?

　여기서 하나 묻고 싶다. '유튜브 구독자 100명, 1,000명 버프'

라는 말을 들어 본 적 있을 것이다. 구독자가 일정 수를 넘기면 알고리즘이 폭발적으로 밀어준다는 믿음이다. 그런데 내가 지금까지 개인 채널 네 개를 만들어 여러 전략을 실험하고, 100명 이상을 컨설팅하며 얻은 결론은 명확하다. 알고리즘의 의도적인 밀어주기 같은 것은 없다.

'100명을 넘겼으니 슬슬 뜰 때가 되었네.' '1,000명을 돌파했으니 노출이 늘겠네.' 이런 보상 알고리즘은 존재하지 않는다. 우리는 단순히 숫자를 늘리는 게 아니라, 내 가치와 영향력을 높이는 브랜딩 수단으로 유튜브 같은 SNS를 활용하고 있다. 그렇기에 이런 달콤한 착각에 휘둘려서는 안 된다.

그런데도 이상하다. 분명 100명, 1,000명을 넘기며 폭발적으로 성장한 채널들이 있다. 그렇다면 왜 그 시점에서 마치 알고리즘 '떡상 빔'을 맞은 것처럼 급성장을 하는 걸까? 지금부터 그 이야기를 해 보려 한다.

우선 유튜브에서 반응을 일으키고 그 반응을 유의미한 브랜딩으로 연결시키기 위해선 세 가지를 정확히 알아야 한다.

1. 최소한의 퀄리티
2. 트렌드 소재 리서치
3. 브랜드 차별화

이 세 가지는 곱셈으로 연결된다. 하나라도 0이면 결과도 0이 된다. 콘텐츠 퀄리티가 100점이고, 사람들이 지금 원하는 소재를 찾는 능력도 100점이라고 해 보자. 그런데 브랜드 차별화가 0점이라면 어떻게 될까? 나 말고도 누구나 할 수 있는 양산형 채널이 될 수밖에 없다. 지속 가능성도 떨어지고, 브랜딩으로 이어지기 어렵다. 어떤 하나가 0점이면 우상향 성장을 만드는 브랜딩은 불가능하다. 그래서 우리는 이 세 가지 요소를 균형 있게 발전시켜야 한다.

사람들의 눈에 들 최소한의 퀄리티

가장 먼저 최소한의 퀄리티부터 살펴보자. 여기에는 썸네일과 영상 퀄리티, 전달하는 정보와 경험 수준 등 콘텐츠를 구성하는 거의 모든 요소가 포함된다. 이를 일정 기준 넘겨야 시청자가 이탈하지 않는다.

처음 유튜브를 시작했을 때 나는 촬영, 편집, 대본, 기획, 썸네일 디자인, 카피라이팅 어느 것 하나 할 줄 몰랐다. 보고 들은 게 있다고 내 눈높이는 10만, 100만 채널이었는데, 막상 내 콘텐츠는 보잘것없어 보였다. 때문에 자신감을 잃기도 했다.

하지만 6년 차가 되니 알게 됐다. 다행히 유튜브는 고퀄리티 영상만을 요구하지 않는다. 물론 점점 더 많은 채널이 전문가화되고 퀄리티가 높아지고 있는 것은 사실이다. PD 같은 콘텐츠 프로들이 여러 채널을 선보이고 있다. 그러나 여전히 기본 장비와 간단한 편집만으로도 반응을 얻는 채널들이 존재한다. 중요한 것은 내가 만족하는 **오버스펙** 콘텐츠가 아니라, 시청자의 눈높이에 맞춘 **최소 기준**의 콘텐츠다.

만약 그 기준이 잘 감이 오지 않는다면, 내 주제와 비슷한 채널 중 구독자 1만~5만 명 규모의 채널을 찾아보자. 그중 '이 정도는 나도 할 수 있겠다' 싶은 채널들을 골라 구독하고, 썸네일과 영상 구성을 집중 분석한다. 단순히 시청하는 것이 아닌, 생산자의 시점에서 요소별로 분석하면 된다.

1. 썸네일 구성: 키워드 폰트 크기, 종류, 이미지 화질, 크기, 배치 등
2. 영상 구성: 영상 화질, 영상 속 크리에이터 위치, 컷 편집, 음악 볼륨, 음성 선명도, 효과음 등

최소한 이 구성을 해당 채널들 수준으로만 챙겨도 퀄리티 부족으로 구독자가 이탈하는 안타까운 상황을 줄일 수 있다. 나 역시 처음엔 썸네일에 키워드 대신 줄글을 빽빽하게 넣어 가독성이 최

악이었다. 클릭률은 3% 미만이었다. 영상 역시 컷 편집이 느슨했고 배경음악은 지나치게 커서 시청자가 금세 이탈했다. 평균 영상 길이는 5분이었지만, 사람들은 1분도 안 돼 뒤로가기를 누르곤 했다. 당연히 잘될 리 없었다.

그러다 이 두 가지를 시청자 기준에 맞게 고치자 클릭률과 시청 지속 시간이 기존보다 200% 이상 상승했다. '알고리즘이 나를 버렸다'고 생각했던 채널이 조금씩 반응하기 시작한 것이다.

사람들의 눈에 띌 수 있는
트렌드 챙기기

퀄리티를 갖췄다고 해서 채널이 바로 성장하는 것은 아니다. 우리는 아직 영향력이 없고, 내 이야기를 궁금해할 사람도 많지 않다. 그렇다면 방법은 하나다. 사람들이 지금 관심을 두는 '트렌드 소재'를 찾아 그걸로 콘텐츠를 기획하는 것이다.

나 역시 게임 콘텐츠로 유튜브를 시작한 초반에는 "언젠가는 봐 주겠지"라는 믿음으로 '내가 좋아하는 콘텐츠'를 꾸준히 올렸다. 하지만 아무도 소비하지 않았다. 되돌아보면 완전히 '내 위주'였다. 내가 좋아하는 게임 캐릭터, 내가 궁금한 챌린지를 올렸고, 귀찮을 때는 그냥 플레이 영상을 그대로 업로드하기도 했다. 지금

돌이켜보면 철저히 '내 만족'에 머문 기획이었다.

아무리 매력적인 경험이 있어도 먼저 '발견'되지 않으면 보여줄 기회조차 없다. 발견 가능성을 키워주는 게 바로 **트렌디한 소재**다. 유튜브는 특정 주제나 소재에 관심 있는 사람들에게 관련 콘텐츠를 추천한다. 트래픽이 높은 소재를 다루는 것은 선택이 아니라 생존 전략이다.

트렌드 소재를 찾는 방법은 의외로 단순하다. 유튜브 안에서 누구나 할 수 있다. 그 방법을 5단계로 정리해 봤다.

1단계. 먼저 내 주제와 관련된 채널을 최소 30개 정도 구독한다.
 ㄴ 될 수 있으면 비슷한 타깃을 가진 채널일수록 좋다.

2단계. 두 채널 이상에서 유난히 반응이 좋은 콘텐츠 소재를 찾아 리스트 업한다.
 ㄴ 기준은 구독자 수와 비교해 조회수가 5배에서 10배 이상 나온 콘텐츠다. 최소 1만 회 이상이어야 한다.

3단계. 소재 키워드를 유튜브에서 검색한다.
 ㄴ 전반적인 반응을 점검하기 위해서다.

4단계. 특정 조건에 따라 검색 필터를 적용해 확인한다.

┗ 조회수 순으로 정렬하고, 기간을 이번 주, 이번 달, 올해 순으로 설정해 리서치한다. 영상 길이는 4분에서 20분으로 설정한다. 쇼츠의 경우 4분 미만으로 조정한다.

5단계. 최근 1년 이내에도 트렌드 소재에서 반응이 높았던 콘텐츠가 있는지 분석한다.

┗ 반응도가 높았던 콘텐츠라고 하더라도 내 주제에서 꾸준하게 니즈가 있는 에버그린 소재인지, 단기간 이슈성이나 시즌성 소재인지 구분한다.

이때 영상 조회수 성장 추이를 함께 살펴보며, 단순히 잠깐 반짝하다 끝날 소재인지, 아니면 꾸준히 트래픽이 발생하는 소재인지를 구분해야 한다. 만약 두세 개 이상의 채널에서 반응도가 높았던 소재가 7년 전, 3년 전, 1년 전 영상들에서도 모두 반응이 잘 나온다면 어떻게 해석할 수 있을까? 시즌성이나 이슈성으로 반짝하는 게 아니라 시간과 상관없이 꾸준한 니즈가 있는 소재라고 추측해 볼 수 있다. 이런 소재로 콘텐츠를 만들면 단순히 내가 좋아하는 것을 올렸을 때보다 훨씬 큰 반응을 얻을 가능성이 높아진다.

예를 들어 퇴사 주제에선 '퇴사 이유'와 '퇴직금 공개' 등의 소재가 조회수가 잘 나온다. 퍼스널 브랜딩 주제에서는 '유튜브 구독자 100명 전 전략', '유튜브 수익화 방법' 관련 소재가 반응이 좋다. 자기 계발 주제에서는 '매일 러닝 후 변화', '인맥' 관련 소재들이 일관되게 높은 반응을 얻고 있다. 커밍쏜 채널에서도 해당 방법으로 콘텐츠를 기획했고, 조회수 100만 회, 50만 회, 30만 회 등 채널에서 가장 높은 반응도를 기록할 수 있었다.

유튜브 자체 기능을 활용해 소재를 분석하는 방법 외에도, 리서치에 도움을 주는 국내외 수많은 툴이 있다. 이 중에서 내가 실제로 활용하고 있는 툴은 두 가지로 뷰트랩과 VidIQ다.

정보의 홍수 속 브랜드 차별화

하지만 지금은 생산자가 급격히 늘어나면서, 하나의 소재로 비슷한 정보를 담은 콘텐츠가 쏟아지고 있다. 여기서 우리는 질문을 던져야 한다. "수많은 콘텐츠 중에서, 왜 굳이 내 콘텐츠여야 할까?" 바로 이 지점에서 단순한 소비를 '관심'으로, 그리고 관심을 '브랜드'로 연결하는 설계가 필요하다.

퀄리티를 갖추고 사람들이 원하는 소재를 활용하면 조회수가 조금씩 오르고 시청자들의 관심도 따라온다. 하지만 그 관심을 니와 연결하지 못하면 콘텐츠는 쉽게 소비되고 금세 잊힌다. 이때 관심을 '관계'로 바꾸는 가장 확실한 방법은, 콘텐츠 안에 나의 메시지와 경험을 담는 것이다.

예를 들어 '유튜브 수익 공개'라는 소재를 다룬다고 하자. 대부분은 "제 수익은 얼마입니다" 정도로 정보만 전달한다. 문제는 이런 콘텐츠는 다른 채널과 차별화되기 어렵다는 점이다. 하지만 여기에 '왜 이걸 알아야 하는가'라는 메시지를 더하면 콘텐츠는 전혀 달라진다.

커밍쏜은 '내가 주인공이 되는 시간이 커밍쏜'이라는 메시지를 일관되게 전달한다. 좋아하는 일로 브랜딩하면 내가 내 인생의 주인공이 될 수 있다는 신념이다. 그래서 단순히 정보만 주는 게 아니라, 그 메시지와 연결된 실제 경험을 함께 전한다. 예컨대 '유튜브 수익 공개'라는 소재도 이렇게 풀어낼 수 있다.

"저는 퇴사 후 유튜브를 시작했어요. 처음엔 수익도 없고 반응도 없어서 불안했죠. 그래도 '내 경험과 과정을 나누면 분명히 공감해 줄 사람들이 생길 거야'라는 믿음으로 꾸준히 만들었어요. 그렇게 540일 동안 조회수 수익은 약 900만 원이었어요. 액수만 보면 크지 않아 보이지만, 그 과정에서 내 콘텐츠가 수천, 수만 명에게 퍼졌고, 나를 필요로 하는 사람들이 모여들었어요. 덕분에 컨설팅, 클래스, 커뮤니티 등 다양한 기회가 생겼고, 원하는 시간과 장소에서 주인공이 되는 삶을 살 수 있게 됐습니다."

단순히 정보를 주는 데서 멈추지 않고, 그 정보가 어떤 가치관과 라이프스타일로 이어지는지를 보여 주면 콘텐츠는 방향성을 갖는다. 그리고 이 방향성에 공감하는 사람들이 브랜드를 기억하게 된다. 결국 메시지를 담아내는 것이 차별화의 시작이고, 그 차별화가 브랜딩으로 이어진다.

연애를 주제로 브랜딩을 해 온 크리에이터 '오늘도 햅히은' 님도 마찬가지다. 연애가 서툰 이들을 위해 매력적인 이성이 되는 법을 다루지만, 결국 메시지는 하나로 귀결된다. 바로 '내 가치를 이해할 때 비로소 관계가 만들어진다'는 것이다. 조회수 10만 회를 기록한 콘텐츠에서도 겉으로는 이성의 행동과 특징을 설명하지만, 결국 진짜 매력은 스스로의 가치를 이해하고 확신하는 데 있다는 방향성을 제시한다. 이렇게 메시지를 일관되게 전달하다 보니, 이 브랜드를 소비하는 사람들은 단순한 정보가 아니라 '왜 이 사람이어야 하는지'에 대한 이유를 갖게 된다.

즉, 우리가 리서치한 트렌드 소재는 메시지와 라이프스타일을 전하기 위한 수단이어야 한다. 최소한의 퀄리티를 갖추고, 사람들이 원하는 소재를 찾아 콘텐츠를 만든다고 해도, 궁극적인 목적은 내 메시지와 라이프스타일을 공감하는 사람들을 밀도 있게 모으는 것이다.

물론 처음부터 메시지를 담아내는 게 쉽지는 않다. 너무 거창하게 고민할 필요는 없다. 지금 다루는 주제와 관련된 자신의 경험을 진정성 있게 풀어내는 것부터 시작하면 된다. 작은 경험이라도 꾸준히 담아내다 보면 퍼스널 브랜딩의 기반이 된다.

다만 대부분 이 과정을 견디지 못하고 포기한다. 시간이 오래 걸리고 성과는 잘 보이지 않기 때문이다. 하지만 이 과정을 거친 채널만이 진짜 성장을 만들어 내고, 차별화를 통해 팬층을 구축한다. 그러다 어느 순간 기하급수적인 성장을 맞이한다. 실제로 수강생 중 한 분은 구독자 100명을 넘기자마자 곧바로 150명이 늘었고, 또 다른 분은 1,000명을 만드는 데 1년이 걸렸지만 이후 2개월 만에 1만 명, 1년 만에 5만 명을 달성했다.

이게 단순히 운일까? 물론 시즌성 트렌드나 변수도 작용했을 것이다. 하지만 그 전에 세 가지 요소를 끊임없이 고민하고 개선했기에, 운을 기회로 만들 수 있었던 것이다. 그 과정에서 브랜딩을 위한 콘텐츠 기획 근육이 자라난 셈이다.

100명 버프, 1,000명 버프, 알고리즘 해킹…. 이런 환상에 기대 콘텐츠를 만들면 금세 지치고 포기하게 된다. 하지만 내 몸값을 높이고 브랜드를 키우겠다는 목표를 갖고 실력을 쌓는다면, 장기적으로 내 채널을 강력한 브랜드로 성장시킬 수 있다.

기억되는 콘텐츠가 갖는 5가지 특징

우리는 하루에 몇 개의 콘텐츠를 소비할까? 그리고 그중 기억에 남는 콘텐츠는 몇 개나 될까? 아침에 눈 뜨자마자 침대에 누운 채로 SNS 피드를 스크롤하고, 출근길 지하철 안에서는 유튜브 숏츠 몇 개를 이어서 본다. 점심시간에는 짧은 기사를 읽고, 저녁에 집에 돌아오면 인스타 릴스를 넘긴다. 나만 해도 아침에 일어나 이동하고 밥 먹고 잠들기 전까지 적어도 수십 개의 콘텐츠가 스쳐 지나간다. 하지만 그중 기억에 남는 것은 손에 꼽을 정도다. 그렇다면 기억되는 콘텐츠들의 공통점은 뭘까? 예전에 구독자 한 분을 직접 만났을 때 들은 말이 있다.

"사실 커밍쏜 님의 콘텐츠에서 어떤 정보를 얻었는지는 자세히 기억나진 않아요. 근데 커밍쏜 님 콘텐츠를 보고 느꼈던 감정은 기억나요. 뭔가 이 사람처럼 나도 해 보고 싶다는 감정이요."

우리는 감정을 느낀 콘텐츠를 기억한다. 유튜브뿐 아니라 책, 영화 등 모든 콘텐츠가 그렇다. 그렇다면 사람은 어떤 방식으로 콘텐츠에서 감정을 느끼는 걸까? 답은 스토리텔링이다. 나는 기억력이 좋은 편은 아니지만 마음을 움직였던 영화, 드라마, 콘텐츠는 아직도 생생하게 떠오른다. 그들 모두 스토리텔링을 하고 있다.

스토리텔링이라는 단어 자체가 부담스러운 사람도 있을 거다. '내가 과연 스토리텔링을 할 수 있을까?' 나 역시 처음엔 막막했다. 어디서부터 시작해야 할지도 몰랐고 일단 시도했지만 기대만큼의 반응은 없었다. 너무 많은 내용이 뒤죽박죽 섞여 정리되지 않다 보니 스스로도 전달하려는 메시지가 헷갈릴 정도였다.

스토리텔링 관련 유명 책을 읽고 콘텐츠 스토리텔링 대가들의 작업을 분석해 직접 적용해 봤다. 내 방식에 맞게 만들기까지 수십 번의 시행착오를 겪었다. 그러다 짧은 SNS 콘텐츠에도 적용할 수 있는 스토리텔링 방식을 발견했다. 이 방식을 쓰자 내 스토리에 몰입하는 사람이 점점 늘어나는 것을 경험했다. 간단하지만 감정을 효과적으로 유발할 수 있는 이 5단계 방식은 지금도 커밍쏜 콘텐츠에 적용하고 있다.

1. 공감되는 잘못된 믿음
2. 전하고 싶은 진실
3. 내적 깨달음
4. 실제 변화
5. 감정 유발

잘못된 믿음이란 콘텐츠 시청자 대부분이 갖고 있을 만한 편견이나 사고방식이다. 이렇게 시작하는 이유는 공감을 만들기 위해서다. '어? 내 이야기인가?' '나랑 비슷한데?' 이런 포인트에서 공감의 주파수가 맞춰지고 불필요한 소음이 줄어든다. 그 과정에서 라포rapport가 형성되고 사람들은 이탈하려는 생각을 멈추며 몰입할 준비를 하게 된다. 처음 보는 사람이더라도 공감할 수 있는 자신의 이야기로 콘텐츠를 시작했다는 것만으로도 효과적인 스토리텔링이 가능해진다.

예를 들어 퇴사 후 현실을 다룬 콘텐츠가 있었다. 시작은 이렇다.

'퇴사 후 수입이 줄자 돈을 극단적으로 아끼기 시작했다. 지출을 줄이는 것만이 안정감을 줄 수 있다고 믿었다. 하지만 기대와 달리 시간이 지날수록 불안감은 오히려 커져만 갔다.'

다음은 이 잘못된 믿음과 정반대의 진실이 등장할 차례다. 지금까지 내가 믿어 온 것들이 잘못되었음을 알게 되면 긴장감이 생신다. 잘못된 믿음을 통해 시청자들과 공감을 만들었다면, 그다음엔 내가 콘텐츠에서 전달하고 싶은 메시지를 한 가지 전해야 한다. 우리가 콘텐츠를 기획하는 이유는 메시지를 전달하고 설득하기 위해서다. 그런데 만약 처음부터 내가 전하고 싶은 메시지를 말했다면? 대부분 사람이 잘못 알고 있다고 먼저 지적했다면? '네가 뭔데?'라는 반발심이 생길 수밖에 없다. 그래서 우리는 메시지를 스토리 안에 숨겨 간접적으로 전달해야 한다.

방식은 간단하다. '나 역시도 이렇게 생각했지만, 알고 봤더니 틀렸더라고.' 이처럼 크리에이터가 메시지를 주장하는 것이 아니라 본인의 틀렸던 경험을 전달하는 방식이기 때문에 반발심이 줄고 설득력은 오히려 높아진다. 무엇보다도 다음 이야기에 대한 궁금증이 생기고 몰입을 유도할 수 있다.

퇴사 후 현실 콘텐츠를 다시 예로 들어 보자. 두 번째 단계인 진실 부분에서는 이런 내용이 나올 수 있다. '퇴사 후 오히려 본인의 몸값을 높여 나간 사람들은 과감히 본인의 배움에 투자한다는 것을 알게 됐다.' 이 문장이 바로 콘텐츠에서 전하고 싶은 한 가지 메시지가 된다.

세 번째로, 내가 잘못 알고 있었음을 인정한 뒤엔 내가 무엇을 알게 됐는지, 어떤 깨달음을 얻었는지를 말해야 한다. 그 과정을 통해 어떤 내적 변화가 생겼는지 구체적으로 드러내야 한다. 지금까지 잘 안됐던 이유가 단순한 외부 요인이 아니라, 내가 특정한 믿음을 잘못 갖고 있었기 때문이었다고 자각하면서 변화가 시작된다. 그걸 공유할 때 공감했던 시청자들도 함께 성장하게 되고, 이야기 속 인물에 더 깊이 몰입하게 된다. 진실을 알게 된 후의 깨달음은 이렇게 표현할 수 있다.

'그제야 알게 됐다. 내가 퇴사 후 불안하고 초조했던 것은 단지 수입이 줄어서가 아니라, 배움을 멈춘 채 그 자리에 머물러 있었기 때문이라는 걸. 나는 성장하려 하지 않았고, 그저 유지하기 위해 발버둥 치고 있었다. 마치 산소호흡기를 달고 겨우 버티고 있는 상태처럼 느껴졌다. 그래서 퇴사 후 그려 왔던 삶은 여전히 멀게만 느껴질 수밖에 없었다.'

그리고 네 번째로, 이 깨달음을 바탕으로 내가 **실질적으로 어떤 변화**를 만들어 냈는지를 이야기해야 한다. '그래서 뭐가 달라졌는데?'라는 질문에 답하는 단계다. 단지 반성만 하고 끝난다면 듣는 사람은 허무해진다. 아주 작더라도 구체적인 변화가 필요하다. 이 부분은 이렇게 정리할 수 있다.

'그래서 그때부터 두 가지 변화를 만들기 시작했다. 첫 번째는 불필요한 약속을 줄이고, 그 시간과 비용을 내가 꿈꾸는 삶에 가까워질 수 있도록 배움에 투자하기로 했다. 나는 콘텐츠를 감각적으로 촬영하고 제작하는 능력이 부족했다. 그래서 영상 제작 상의를 신청해 공부를 시작했다. 두 번째는 매일 새벽까지 집에서만 작업하다 무너졌던 건강을 다시 챙기기로 했다. 몸이 건강해야 마인드도 건강하다는 것을 이전 경험을 통해 알고 있었기 때문에, 헬스장에 6개월을 등록했다. 이 두 가지 변화를 실천한 지 한 달이 지났다. 콘텐츠의 퀄리티가 눈에 띄게 좋아지자 만족하는 사람들도 점점 늘어났고, 불안이 몰려올 땐 운동을 통해 버텨낼 수 있었다. 그렇게 자신감이 생기기 시작했고, 예전처럼 막연하게 불안해하기보다 매일 원하는 방향으로 조금씩 성장하고 있다는 확신이 생겼다.'

이렇게 깨달은 후 어떤 변화를 만들었는지를 마지막으로 마무리해도 충분히 좋은 스토리텔링이 될 수 있지만, 내가 가장 중요하게 생각하는 한 가지가 남아 있다. 이 콘텐츠까지 본 사람에게 전하고 싶은 감정을 남기는 것이다. 커밍쏜에선 주인공이 되어 가는 라이프스타일을 전달하고 있다. 그리고 그 콘텐츠를 소비하는 사람 대부분은 이런 선택지가 있는 것을 모르거나, 알지만 주저한다는 것을 알고 있다. 그렇기 때문에 나는 내 콘텐츠를 보는 사람들이 브랜딩을 통해 주인공이 되는 삶을 만들 수 있도록 돕고 싶었다.

그래서 스토리텔링을 통해 몰입되는 콘텐츠든, 정보를 전달하며 실실석인 문제를 해결하는 콘텐츠든 나는 마지막엔 항상 해낼 수 있으며 함께 해 보자는 동기부여가 되는 메시지를 전한다. 물론 이 메시지에 공감하지 않는 사람들은 이탈하겠지만, 내 콘텐츠를 끝까지 봤다는 말은 내 방향성과 메시지에 공감하는 사람일 확률이 크다. 덕분에 콘텐츠에서 그런 감정을 느낀 분들이 많아지고 탄탄하게 모인다는 것을 경험할 수 있었다.

마지막을 어떤 말로 마무리를 해야 할지 모를 수도 있다. 사실 행동을 유도하는 동기부여든 지쳐 있는 그들에게 주는 위로든 상관없다. 브랜드 메시지와 방향성이 일치하는 내용을 전달해 보자. 내 콘텐츠에서 가장 크게 공감할 사람은 과거의 나와 비슷한 사람이다. 과거의 내가 포기하지 않도록, 계속해서 나아갈 수 있도록 그들을 위한 메시지를 남겨 보자. 퇴사 후 현실 콘텐츠의 마지막에선 이렇게 표현해 감정을 유발할 수 있다.

'지금 비슷한 상황에 있는 사람들도 있을 것이다. 내가 할 수 있을까, 변화가 없으면 어떡하지 하는 생각이 든다면, 선택을 한 뒤에 할 일은 후회가 아니라 그 선택을 최고의 선택으로 만드는 노력뿐이라는 것을 기억하길 바란다. 나 역시 계속해서 도전해 볼 예정이다. 함께 주인공이 되는 삶을 만들어 가 보자.'

만약 콘텐츠에서 감정을 유발하는 방법이 어렵다면, 내가 자주 활용하는 콘텐츠 감정 유발 4단계를 따라해 보자.

첫째, 나도 처음엔 잘 몰랐다는 공감이다. 예전의 나노 시금의 누군가와 똑같았다고 솔직하게 말하는 것. 그 말 한마디로 충분히 연결이 시작된다.

둘째, 하지만 변화가 있었다는 흐름이다. 그랬던 나도 어떤 계기를 통해 삶이 조금씩 바뀌기 시작했다고 말한다. 구체적인 변화일수록 더 설득력이 생긴다.

셋째, 당신도 할 수 있다는 동기부여다. 아직 시작하지 않았다는 것은 능력이 없어서가 아니라, 단지 누군가 먼저 그걸 보여 주지 않았기 때문일 수도 있다. 나 역시 그랬으니까.

마지막은 같이 해 보자는 제안이다. 나도 여전히 도전하고 있고, 이 길을 함께 걸어갈 사람들과 주인공이 되는 삶을 만들어 가고 싶다고 전한다. 그 마음을 담아 콘텐츠를 마무리한다.

이 네 가지가 자연스럽게 이어졌을 때, 단순히 문제를 전달하는 콘텐츠를 넘어서 감정을 남기고, 메시지를 각인시키는 콘텐츠가 된다. 결국 그 감정이, 사람들이 나를 기억하게 되는 이유가 된다.

정보만 얻고 가는 사람을
잡아 두는 법

내 콘텐츠를 초창기부터 지켜본 분들은 종종 이런 말을 해 준다.

"퇴사 직후부터 영상을 봐 왔는데, 지금은 전혀 다른 삶을 살고 계시네요. 커밍쏜 님을 보면서 저도 할 수 있겠다는 생각이 들어요. 선한 영향력에 감사합니다."

"커밍쏜 님이 계속해서 말해 온 '주인공이 되는 삶'을 만들어 가는 과정을 함께하다 보니, 얼마나 노력했는지 알아서 리스펙이 생겨요. 항상 응원합니다!"

나는 퇴사 직후 숙취에 절어 늦게 일어났던 시절부터, 월급이 사라져 불안해하던 시절, 처음으로 구독자 대상 강연을 했을 때, 번아웃이 찾아와 해외로 떠났을 때, 그리고 책 출판을 위한 첫 미팅까지 모든 과정을 콘텐츠로 남겨 왔다.

그 과정을 보고 자극받아 자신만의 성장기를 공유한 사람들도 많았다. 하지만 그중 90% 이상은 오래가지 못했다. 이름도 얼굴도 모르는 사람의 일상에 시간을 쓰는 이는 거의 없기 때문이다. 그렇다면 커밍쏜은 어떻게 내 과정에 관심을 유도할 수 있었을까? 바로 과정을 전면에 드러내지 않고, 사람들이 궁금해하는 소재 안에 과정을 녹여 넣은 것이다.

나는 이 방식을 '샌드위치 전략'이라 부른다. 사람들이 기대하는 것은 햄, 치즈, 신선한 채소 같은 정보와 노하우다. 그 안에 수제 할라피뇨와 피클처럼 내 과정과 메시지를 자연스럽게 끼워 넣는 것이다. 맛있게 먹는 동안 풍미를 느끼듯, 콘텐츠를 소비하는 사람은 내 과정을 함께 경험하게 된다.

예를 들어 '퇴사 후 유튜브 3개월 차 현실'이라는 주제 안에서 퇴사자의 궁금증을 풀어 주는 동시에, 퍼스널 브랜딩을 통해 내 삶이 어떻게 달라졌는지, 디지털 노마드라는 꿈에 얼마나 가까워지고 있는지를 함께 담았다. '요즘 MZ들이 돈 버는 방법'에서는 실제 사례를 소개하면서 내가 무엇을 준비하고 있는지도 나눴다. '유튜브 조회수 올리는 방법'에서는 실질적인 노하우와 함께, 그 과정에서 어떤 기회를 얻었고 삶이 어떻게 변화했는지를 보여 주었다.

이처럼 사람들이 궁금해하는 정보 안에 내 메시지와 페르소나, 그리고 과정을 녹였다. 그 결과 3년간의 콘텐츠 속에 자연스럽게 브랜드 서사가 쌓였고, 단순한 시청자가 아닌 함께 걷는 팬이 생겼다. 문제 해결 없이 내 과정만 공유했다면 아무도 보지 않았을 것이고, 반대로 과정 없이 정보만 줬다면 정보만 가져가는 체리피커만 남았을 것이다.

《프로세스 이코노미》에는 이런 내용이 나온다. "상품과 서비스가 무료화되는 시대, 사람들은 결과가 아닌 과정에서 가치를 느낀다." 퍼스널 브랜딩을 시작하려는 사람들이 가장 두려워하는 것은 불완전한 현재다. "지금 실력으로 괜찮을까?", "내가 나서도 될까?" 하는 고민은 누구나 한다. 하지만 다행스러운 건, 사람들은 완성된 모습보다 성장하는 과정에서 더 큰 애착을 느낀다는 점이다. 과정에 함께한 사람은 결과에도 함께 도달한 것처럼 느낀다.

만약 지금 퍼스널 브랜딩을 시작했다면, 꼭 기억해야 할 점이 있다. 콘텐츠의 초반에는 사람들이 궁금해하는 문제를 먼저 해결해 주고, 마지막에 내 속 이야기와 과정을 짧게 나누는 것이 좋다. 단순한 자기 고백이 아니라, 세 가지 요소를 중심으로 전해 보면 좋다. 첫째, 내가 왜 이걸 해 나가고 있는지, 즉 목적이다. 둘째, 지금의 나는 어떤 위치에 있는지, 즉 현실이다. 셋째, 그 목적과 현실 사이의 차이를 줄이기 위해 어떤 노력을 하고 있는지를 진솔하게 공유하는 것이다.

이 세 가지가 담기면 콘텐츠는 전혀 다른 무게감을 갖는다. 정보를 얻으러 왔던 시청자도 어느새 내 여정을 지켜보는 사람이 된다. 예를 들어, 작은 이자카야를 열고 싶은 청년이 있다고 하자. 단순히 "가게를 열었습니다"라고 말하면 관심을 끌기 어렵다. 하지만 "집에서 사시미를 쉽게 뜨는 법" 같은 문제 해결형 콘텐츠를 만들고, 마지막에 짧은 고백을 더한다면 달라진다.

"사실 저는 작은 이자카야를 열고 싶어요. 퇴근한 직장인들이 맥주 한잔과 간단한 안주로 작은 위로를 얻을 수 있는 공간을 만들고 싶거든요. 그래서 퇴사 후 일식집에서 직원으로 일하며 사시미 뜨기를 배우고 있어요."

이 짧은 고백은 진짜 감정을 불러일으킨다. 그 순간, 정보를 얻으러 왔던 시청자는 '당신의 다음이 궁금한 사람'으로 바뀐다.

결국 사람은 정보보다 사람에게 반응한다. 콘텐츠 속에 목적과 여정이 자연스럽게 스며들면, 내 콘텐츠는 더 이상 혼자가 아닌 '함께 걸어가고 싶은 사람'의 여정으로 기억된다. 기억하자. 정보는 고객을 만들지만, 서사는 팬을 만든다.

여섯 번째 격파
응원받는 수익화

수익화는 무조건 반감을 살까?

오히려 선순환을 만드는 파이프라인을 구축할 수는 없을까?

첫 수익화의
문이 열리다

콘텐츠는 하나 만들 때 많은 노력이 필요하지만, 일단 업로드되면 알고리즘을 타고 내 주제에 관심 있는 사람들에게 퍼져 나간다. 내가 쉴 때도 자고 있을 때도 놀고 있을 때도 나를 알린다. 커밍쏜 채널을 시작하고 얼마 안 가 이 사실을 절감했다. 유튜브와 퍼스널 브랜딩 경험을 담은 콘텐츠를 업로드하다 보니, 놀랍게도 이 주제에 관심 있는 사람들이 내게 하나둘씩 모였다. 가장 체감되는 변화는 관련 고민을 댓글이나 DM으로 물어보는 사람이 생겼다는 것이었다.

그들은 적극적으로 감상을 전하고 궁금증을 표현했다. 경험을 공유해 줘서 감사하다는 인사, 1인 브랜드를 만드는 방법, 주제 선정이나 브랜딩과 관련된 내용까지 여러 질문을 DM과 댓글로 받았다. 한 분 한 분 답장을 했다. 정보만 얻고 사라지는 분도 있었지만, 몇몇은 감사하다며 스타벅스 기프티콘을 보내주기도 했다. 어떤 팔로워는 답장을 캡처해 스토리에 올리며 당시 시작한 지 얼마 되지 않은 커밍쏜 인스타그램 계정을 언급해 주기도 했다. 덕분에 나는 초기에 그들의 팔로워에게까지 자연스럽게 노출되었다.

    댓글을 남기면 답변받은 사람뿐만 아니라 질문을 남기지 않은 사람도 댓글을 내리며 확인하게 된다. 그 자체로 이 사람의 진심을 확인할 수 있는 하나의 장치가 된다. 답변하고 소통하다 보니 자연스럽게 나라는 브랜드에 호감을 갖는 사람들이 생겼다. 내가 알고 있는 당연한 내용을 공유했는데 이렇게 감사하다는 말을 들을 수 있다니, 얼굴도 모르는 사람에게 기프티콘까지 받을 수 있다니 놀라웠다. 직장인이었을 땐 생각하지도 못했던 일이었다.

    다만 답변을 하나하나 남기는 일이 점점 부담되기 시작했다. 짧게는 5분, 길게는 30분 이상 걸릴 때도 있어 콘텐츠 제작에까지 지장이 생길 정도였다. 더는 이 상태를 이어갈 수 없다고 판단했다. 해결책을 찾다 보니 사람들이 남기는 질문이 비슷비슷하다는 것을 알게 되었다.

퇴사 후 1인 사업 시작한 거 후회는 안 하시나요?

수익이 어느 정도 되나요?

파이프라인이 어떻게 되나요?

콘텐츠 주제는 어떻게 정하는 게 좋을까요?

편집 툴은 어떤 것을 쓰시나요?

장비 추천해 주세요

중복되는 질문을 정리해 미리 매뉴얼 형태로 답을 만들어 두고, 상황에 맞게 조금씩 조정해 답변했다. 나아가 이런 답변을 아예 콘텐츠로 기획했다. 흥미롭게도 유튜브 구독자와 인스타그램 팔로워가 던지는 질문이 달랐다. 유튜브에서는 수익과 파이프라인에 대한 궁금증이 많았고, 인스타그램에서는 편집 툴이나 장비, 유용한 사이트 같은 디테일한 질문이 주를 이뤘다. 그래서 의도적으로 두 플랫폼에 서로 다른 성향의 콘텐츠를 나눠 올렸다.

이런 콘텐츠들은 반응도 좋았다. 단순히 댓글로만 답변을 남기면 소수만 확인할 수 있지만, 콘텐츠로 공유하면 최소 10배에서 많게는 20배 이상 더 많은 사람에게 전달됐다. 결국 나와 팔로워 모두에게 이로운 구조가 만들어진 셈이다.

날마다 구독자와 팔로워가 늘었고, 콘텐츠가 자산처럼 쌓이며 마치 나 대신 일해 주는 느낌이었다. 하지만 어느 순간부터 한 가지 고민이 생겼다. **바로 수익화였다.** 매달 통장은 마이너스였다. 직장인 시절 모은 월급이 조금씩 사라지고 있는 상태에서 지금 나에게는 구독자 수, 팔로워 수보다 실질적인 수익이 필요했다.

감사하게도 컨설팅과 클래스 문의가 오기는 했다. 다만 돈을 받고 컨설팅을 한다는 것이 두려웠다. '내가 돈을 받아도 될까? 내 노하우가 그런 수준의 가치가 있을까?'는 기본이었고, 무엇보다 '내가 갑자기 컨설팅이나 클래스를 오픈하면 구독자, 팔로워들이 안 좋게 보는 것은 아닐까?'라는 부분이 제일 걱정되었다. 온갖 온라인 비즈니스 책을 읽고 누군가의 수익화 경험 콘텐츠를 찾아보며 고민했다. 하지만 한 달이 지나도 뾰족한 수가 생기지 않았다. 콘텐츠를 만드는 데는 자신이 있었지만, 내 상품을 만들어 팔아본 적 없던 내게 수익화는 높은 벽 같았다.

그러던 어느 날, 퍼스널 브랜딩을 시작하며 알게 된 1인 사업가들과 약속이 있었다. 처음에는 커피챗을 제안해 1:1로 만났고, 인연이 이어지며 4명, 6명, 8명으로 늘어났다. 각자 퍼스널 브랜딩을 기반으로 비즈니스를 하고 있는 사람들이었다. 함께 협업하거나 프로젝트를 진행하는 것은 아니었지만, 가치관과 상황이 맞았기에 한 달에 한 번씩 만나 인사이트를 공유하는 정기적인 모임을 가졌다. 나를 제외하면 이미 월 1,000만 원 이상을 벌고 있는 1인 사업가들이었다. 온라인 비즈니스에서 나보다 앞서 있는 분들이었기에 수익화에 대한 고민을 솔직하게 털어놨다. 얘기를 듣던 중 한 분이 이런 이야기를 했다.

"커밍쏜 님이 어떤 부분에서 고민하는지 알겠어요. 근데 수익화를 하지 않는다면 SNS를 왜 하세요? 수익화가 안 되면 지속할 수가 없는데 그럼 팬들에게도 안 좋은 것 아니에요? 수익화한다고 욕하는 사람이 있다면 그 사람은 무슨 일을 하든 욕할 사람이에요. 그런 사람들 눈치 보지 말고, 커밍쏜 님께 도움받고 싶은 사람들이 있음을 기억하고 그들을 위해서 용기를 내 보세요."

크게 머리를 맞은 듯한 충격이었다. 많은 사람에게 적용할 수 있는 콘텐츠 이상으로, 진짜 '퍼스널'한 도움이 필요한 이가 있었다. 또한 퇴사 후 퍼스널 브랜딩으로 비즈니스를 하는 나에게 수익화는 선택이 아니라 필수였다. '할까 말까'를 고민할 때가 아니라 '어떻게 잘 해낼 수 있을까'를 고민해야 할 때였다.

해결책이 명확한 것은 아니었지만, 방향은 보였다. 실력이 불안하다면 사람들에게 보여 주고 직접 확인받으면 된다. 반응이 부정적이면 더 시간을 들여 실력을 키워 다시 검증하면 된다. 지금 내게 필요한 것은 조준 후 발사가 아니라, 일단 발사한 뒤 조준하며 부딪혀 보는 일이다.

며칠 뒤, 그날 내 옆에 앉아 있던 한 사업가에게서 연락이 왔다. 그는 커밍쏜 채널을 시작할 때, 처음으로 나에게 커피챗을 제안한 사람이었다. 당시 영향력도 없던 내게 먼저 연락한 이유는 단순했다. 유튜브 노하우를 검색하다 우연히 내 영상을 보았고, 커밍쏜 메시지에 공감해 오프라인에서 직접 이야기를 나누고 싶었다는 것이다. 되돌아보면 내 콘텐츠가 누군가의 레이더에 잡혀 나를 이끌었던 첫 순간이었다. 콘텐츠는 언제나 내가 세상에 발견될 수 있게 만들고, 예상치 못한 기회로 이어진다.

지금은 정기적으로 만나는 동료가 된 그에게서 온 제안은 다음과 같았다.

"커밍쏜 님, 제가 1,000명 규모의 교육 커뮤니티를 운영하고 있는데요. 혹시 유튜브 브랜딩을 주제로 무료 웨비나를 여실 생각 있으신가요? 고민하셨던 수익화에도 도움이 될 것 같아 제안드려요."

웨비나는 평균 1시간 남짓 줌이나 유튜브 같은 실시간 라이브 플랫폼에서 진행되는 온라인 세미나다. 제안을 보자 심장이 뛰기 시작했다. 설렘만 있었던 것은 아니었다. '내 팔로워가 아닌 낯선 사람들 앞에서 웨비나를 해야 한다고? 실수하면? 욕을 먹으면? 이분에게 피해가 가면?' 온갖 생각이 5분도 안 되는 짧은 시간에 몰아쳤다.

하지만 곧 알게 됐다. 잃을 것은 없었다. 오히려 많은 사람 앞에서 내 브랜딩 노하우의 가치를 증명할 기회였다. 일부가 만족하지 못해도 이유를 파악하고 보완할 수 있다면 그 역시 기회였다. 지금 당장의 불안보다 그 너머를 보면 전혀 다른 시야가 열렸다. 생각이 거기까지 미치자 답은 간단했다.

"네, 할게요!"

웨비나까지 남은 시간은 일주일밖에 없었고 아무런 준비도 되어 있지 않았다. 세미나 강의 자료도, 대본도, 주제도 없어 서둘러야 했다. 콘텐츠 기획을 위해 소재를 어떻게 찾을지, 썸네일은 어떻게 만들지, 대본은 어떻게 써야 할지, 짧은 시간 안에 웨비나에서 무엇을 전달해야 적절할지 고민했다.

그러다 깨달았다. 나는 처음 유튜브를 시작했을 때 방향을 잡지 못해 6개월간 방황했다. 그 이유는 썸네일 만드는 법이나 대본 작성법, 알고리즘 방식을 몰라서가 아니었다. 내가 다시 돌아간다면 가장 먼저 알려주고 싶은 것은 내 채널을 브랜드로 정의하는 시점이었다. 채널이 브랜드가 되면 콘텐츠는 상품이 된다. 그런 시각이 잡혀야 썸네일, 대본, 알고리즘에 대한 이해도 의미가 생긴다. 그래서 유튜브 퍼스널 브랜드 기획에서 핵심이 되는 주제, 메시지의 이유why, 페르소나 세 가지를 정리하기 시작했다.

머릿속으로 아는 것과 누군가에게 전달하기 위해 PPT 같은 시각 자료로 정리하는 것은 전혀 달랐다. 내가 당연하게 여기는 것들이 다른 사람에게는 그렇지 않았다. 처음 보는 사람도 이해할 수 있도록 내용을 쉽게 정리해야 했다. 이후 웨비나 경험이 있는 지인들과 리허설하며 피드백을 받았다. 낯선 표현이나 스토리텔링 측면에서 의견을 들었고, 총 다섯 번을 수정한 뒤에야 웨비나 자료를 완성했다. 생애 첫 웨비나였기에 하루 종일 수십 번 리허설하며 준비했다.

시간은 빠르게 흘렀고 마침내 웨비나 당일이 되었다. 아침에 눈을 뜨자마자 노트북을 열고 자료를 클릭했다. 그런데 어젯밤엔 술술 나오던 내용이, 처음 보는 것처럼 느껴졌다. 한 페이지를 끝낼 때마다 다음 내용이 기억나지 않았다. 머릿속이 새하얘졌다. 웨비나 시작까지 8시간. 당황할 시간은 없었다. 집중을 위해 예정된 콘텐츠 기획 일정은 미뤘다. 점심도 거른 채 실제 줌 화면을 켜두고 리허설을 반복했다.

어느새 첫 웨비나 10분 전. 사람들이 하나둘 줌 대기실에 들어왔다. 약 80명이 참여했다. 내 노하우를 듣기 위해 온 80명의 얼굴을 보자 심장이 미친 듯이 뛰었다. 카메라를 켜기 직전 심호흡했다. 손에 맺힌 식은땀을 바지에 닦았다. 눈을 감고 중얼거렸다. "준비한 대로 하면 돼. 나니까 할 수 있어. 쫄지 마." 마우스를 움직여 카메라를 켰다. 그리고 참여자들 앞에서 첫마디를 말했다.

"안녕하세요, 크리에이터 커밍쏜입니다."

생애 첫 웨비나는 유튜브 브랜딩 방법부터 Q&A까지 1시간 정도 진행됐다. 흥분한 상태로 진행했기에 끝나고 나니 목이 쉬었고, 겨울인데도 옷이 땀으로 젖어 있었다. 해냈다는 성취감, 무사히 마쳤다는 안도감, 생각보다 별것 아니라는 뿌듯함이 뒤섞였다. 꺼진 모니터 앞에서 멍하니 앉아 있는데 휴대폰 알림음이 울렸다. 참여자들의 감사 인사로 단톡방에 새 메시지가 순식간에 쌓이기 시작했다.

덕분에 유튜브를 새롭게 접근할 수 있을 것 같습니다.
다른 유료 강의에서도 알려주지 않는 인사이트였습니다. 감사합니다.
1:1 컨설팅도 하시나요?

감사할 정도로 많은 분이 후기를 남겨 주었다. 그 내용을 보며 처음 겪는 벅찬 감정을 느꼈다. 내 경험에서 얻은 방법과 전략은 충분히 가치가 있으며 이런 반응이라면 이제 정말 수익화해 봐도 괜찮겠다는 확신이 생겼다. 침대에 누워 어떤 상품과 서비스를 만들어야 할지 고민하기 시작했다. 두려움은 설렘으로 바뀌었고 한참을 잠들지 못했다.

초보자였던 나에게
사람들이 돈을 쓴 이유

첫 웨비나 다음 날, 단톡방을 확인해 보니 유튜브 브랜딩 클래스와 컨설팅 관련 문의가 쏟아져 있었다. 더 고민할 필요가 없었다. 이미 세상이 답을 알려주고 있었다. 클래스와 컨설팅을 준비할 때가 되었다.

당시엔 원데이 클래스, 1시간 컨설팅, 4주 과정 클래스 등을 진행하는 사람이 많았다. 하지만 원데이 클래스나 짧은 컨설팅만으로는 유튜브 브랜드 기획부터 콘텐츠 기획까지 전 과정을 전달하기 어려웠다. 또 다수를 대상으로 하는 클래스는 참여자 각각에 맞춘 피드백이 어렵겠다고 판단했다. 그래서 유튜브 브랜딩 전 과정을 다루고, 매 회차마다 미션과 피드백을 제공하는 챌린지형 컨설팅을 준비하기로 결심했다.

2~3주 동안 총 4번의 라이브 강의를 진행하며 각 강의는 한 번에 1시간 30분 정도 소요되는 과정으로 구성했다. 유튜브 브랜드 기획부터 콘텐츠 기획, 패키징 전략, 업로드까지 전략과 방법을 세세히 전하고, 각 회차 미션에 대한 피드백을 제공하는 방식이었다. 이 방식이라면 나를 믿고 찾아온 분들이 실제로 성과를 만들 수 있을 것이라 생각했다.

가장 먼저 기획 방향과 커리큘럼을 정해야 했다. 시행착오를 줄이기 위해 먼저 타 강의 플랫폼, 프리랜서 외주 플랫폼들에서 관련 클래스를 리서치했다. 시중엔 수백 개의 유튜브 클래스가 있었지만 대부분 단기간 수익 창출을 강조하거나, 한 달 만에 구독자 몇 명 달성 등을 말하고 있었다.

하지만 그저 트래픽과 수익에 집중하는 콘텐츠를 만드는 것은 내가 지향하는 방향이 아니었다. 그간 말해 왔던 대로, 콘텐츠 자체가 목적이 아니라 각자가 주인공이 되는 삶을 만들어 가는 수단으로서 활용하기 원했다. 그래서 나만의 브랜드를 기획한 후 내 콘텐츠가 소비될 수 있도록 트렌디한 소재를 발굴하고 메시지를 녹일 수 있는 방법에 집중하기로 했다.

당시 유튜브 4년 차인 나의 시선이 아닌, 브랜딩을 처음 시작하는 초보자의 시선이 필요했다. 퇴사 후 취미로 캠핑 채널을 운영한 적이 있는데, 이를 브랜딩할 때 쓴 기획 노트를 꺼냈다. 유튜브 채널을 기획할 때 무엇을 어떤 순서로 해 나갔는지, 콘텐츠를 어떻게 구성했는지 하나씩 정리하기 시작했다.

브랜드 기획, 포맷 설정, 콘텐츠 소재 찾기, 썸네일과 제목 패키징 기획, 대본 작성, 촬영, 편집, 업로드 순서대로 나열했다. 스스로를 객관적으로 바라보기 위해 초안 수준의 기획안을 만들고, 1인 사업가 지인들과 공유한 뒤 피드백을 받았다. 그렇게 내 머릿속에 흩어져 있던 노하우들이 다른 사람을 위한 커리큘럼으로 선명해지기 시작했다.

다음으로 프로그램을 잘 운영하기 위한 시스템을 기획해야 했다. 하지만 지인이 아닌 사람에게 돈을 받고 가르쳐 본 적은 없었다. 실패를 줄이기 위해 이 역시 리서치가 필요했다. 시중에서 판매 중인 후기 좋은 SNS 관련 클래스를 수십 개 분석했다. 긍정적인 후기를 받은 클래스에는 공통점이 있었다.

혼자서는 하기 어려운 첫 영상 업로드를 실제로 하게 만드는 강제성

단순히 알려주고 끝나는 방식이 아니라, 브랜드 기획부터 콘텐츠 업로드까지 회차별 미션을 주고 컨설팅을 해 주는 프로그램이 필요했다. 하지만 시스템이 아무리 잘 갖춰져 있어도 온라인 클래스의 한계는 강제성이 없다는 점이었다. 그래서 가장 중요했던 것은 중도에 포기하지 않도록 환경을 만들어 주는 것이었다. 참여자들이 서로 응원할 수 있도록 한 달간 단톡방을 운영하기로 했다.

한 달 동안 커리큘럼과 운영 시스템을 개발했다. 이제 클래스에서 유튜브 브랜딩 방법을 잘 전달하기 위해 세부 내용을 PPT로 정리해야 했다. 그런데 담아야 할 내용이 너무 많았다. 예상보다 시간이 훨씬 더 걸릴 것 같았다. 눈에 보이는 성과 없이 일주일 넘게 자료를 만들고 수정만 반복하다 보니 걱정과 불안이 생겼다.

'근데… 열심히 만들었는데 아무도 관심 없으면 어떡하지?'

유튜브 브랜딩 노하우에 대한 확신도 있었고, 사람들의 니즈도 확인했지만 그걸로 수익을 내 본 적은 없었기에 불안했다. 그러던 중 우연히 내 고정관념을 깨 주는 비즈니스 전략 콘텐츠를 보게 됐다.

상품이 완성된 뒤에 판매하지 말고, 먼저 판매하고 나중에 만드세요. 그것이 SNS 시대에 리스크를 최소화하며 비즈니스를 하는 방법입니다.

수요에 대한 불안을 느끼고 있던 내게 지금 당장 필요한 전략이었다. 이런 생각이 들었다.

'커리큘럼은 이미 완성됐으니까 100% 준비되기 전 미리 신청을 받아 보면 어떨까? 원하는 사람이 얼마나 되는지 확인할 수 있을 텐데?'

추가로 시간과 에너지를 쏟기 전에 먼저 테스트해 보는 게 좋겠다는 생각이 들었다. 간단하게 구글 폼으로 프로그램 신청서를 만들었다. 판매를 위해선 프로그램을 설명하는 상세 페이지가 필요했다. 하지만 제대로 된 상세 페이지를 디자인하려면 몇십만 원이 들어 당시 내게는 무리였다. 가장 쉽게 상세 페이지를 만들 수 있는 무료 플랫폼은 블로그였다. 마케팅, 세일즈 책들과 1인 사업가들의 상품 상세 페이지를 분석했다. 놀랍게도 공통된 구조가 있었다. 나 같은 초보자도 활용할 수 있는 5단계였다.

문제 상황을 제시하며 시선을 집중시킨다.

ㄴ 이런 문제를 겪거나, 고민해 본 경험 있으시죠?

예) 유튜브 채널을 운영할 때 이런 고민을 해 보셨죠?

공감 포인트를 만들며 상대와 나의 주파수를 맞춘다.

ㄴ 저 역시도 경험했어요.

예) 제 채널도 구독자 수가 정체된 적이 있어요. 안 해 본 게 없습니다.

해결한 경험을 제시하며 전문성과 노하우를 제시한다.

┗ 하지만 지금 저는 그 문제를 해결했어요.

　예) 정체됐던 첫 번째 채널의 구독자 수는 두 달 만에 8,000명이 증가했어요. 단순히 숫자만 늘어난 게 아니었어요. 구독자 수가 적었음에도 수많은 기회가 찾아오기 시작했어요.

추가적인 성과, 후기 등으로 신뢰를 높인다.

┗ 저뿐만 아니라 다른 분들도 이런 변화를 만들었어요. 그들 역시도 이런 결과를 만들어 가고 있어요.

　예) 이후 시작한 커밍쏜 채널과 캠핑 채널에서 이런 성과를 만들었어요. 이 노하우를 다른 사람에게 적용하자 그들도 브랜딩 성과가 생겨났어요.

상품, 서비스를 제안한다.

┗ 이해하기 쉽도록 쉬운 단어로 세세히 내용을 정리한다. 마지막에 구글 링크를 첨부하고 CTA를 추가한다.

　예) 서비스 기간, 대상, 커리큘럼, 구매 시 얻게 되는 구체적인 혜택, 가격 등

신청 폼과 상세 페이지를 모두 준비했다. 이제 홍보를 위한 콘

텐츠를 만들 차례였다. 상세 페이지 내용을 바탕으로 인스타그램에 모집용 카드뉴스를 만들었다. 그렇게 처음으로 직접 만든 유료 프로그램 오픈 콘텐츠를 업로드했다. 업로드 직후 한 분이 신청했다. 마지막으로 하고 싶은 말 입력란에 이런 메시지가 남겨져 있었다.

항상 콘텐츠에서 너무 많은 도움을 받아서 고민 없이 신청했습니다! 저도 커밍쏜 님처럼 내 인생의 주인공으로 살고 싶어요!

뒤이어 달린 메시지에도 수익화에 대한 부정적인 반응이나 비판은 없었다. 오히려 지금까지 쌓아 온 콘텐츠에 감사하다는 반응이 대부분이었다. 그렇게 일주일간 모집을 마쳤을 때, 첫 번째 그룹 컨설팅에는 예상 인원 대비 480%가 넘는 신청자가 몰렸다. 이렇게 많은 분이 신청했다니 믿기지 않았다.

세상엔 나보다 뛰어난 전문가들이 넘쳐난다. 50만, 100만 유튜버의 경험과 노하우로 만든 검증된 클래스도 많다. 그런데 왜 그들이 아닌 나를 선택한 걸까? 내 결론은 바로 메시지의 힘, 브랜딩이었다. 지금까지 만든 모든 콘텐츠에는 '내가 주인공이 되는 시간이 커밍쏜'이라는 브랜드 메시지가 담겨 있었다. 유튜브를 하는 것도, 브랜딩을 하는 것도 단순히 돈을 벌기 위해서가 아니라 내 인생의 주인공이 되기 위해서였다. 그래서 정보만 전달하는 데 그치지 않고, 일관된 메시지를 전하는 데 집중했다. 그 메시지를 내 삶에 적용하며 변화해 가는 과정을 보여 주자, 이에 공감한 사람들이 모이기 시작했다. 커밍쏜 유튜브와 인스타그램에는 빨리 돈을 벌고 싶어 하는 사람이 아닌, '내 인생에서 내가 주인공이 되는 삶'을 바라는 1만 명이 모였다. 메시지의 힘은 강력했다.

첫 기수인 만큼 소수에게 집중하고 싶었다. 신청한 분 중 가장 진정성 있게 신청서를 작성한 5명을 선정했다. 가격은 다른 유튜브 클래스와 컨설팅 상품을 참고해 평균가인 20만 원으로 정했다.

퇴사 후 처음으로 통장에 입금 표시가 떴다.

입금 100만 원

퇴사 후 1년 안에 커밍쏜이라는 브랜드로 월 100만 원을 버는 게 목표였는데, 3개월 만에 100만 원 수익을 만들었다. 회사에서 월급만 받던 내가, 내 경험으로 수익을 만든 순간이었다. 고정관념이 깨졌다. 내가 만든 커밍쏜이라는 브랜드로 돈을 버는 새로운 세상이 열렸다.

크리에이터와
1인 기업의 차이

콘텐츠를 만들다 보면, 선택의 순간이 찾아온다. 나 역시 커밍쏜 채널을 시작한 지 얼마 되지 않았을 때 콘텐츠를 만들며 가치를 전하고 있다는 만족감은 분명히 있었다. 하지만 수익 구조에 대한 불안도 함께 있었다. 그래서 '콘텐츠 이상의 가치를 어떻게 전하고, 그에 상응하는 수익을 얻을 수 있을까'를 고민하게 됐다.

브랜딩을 지속하기 위해선 수익의 불확실성을 줄여야 한다. 결국 나만의 파이프라인을 만들어야 한다. 상품이든 서비스든, '내 것'을 세공하는 단계로 나아가야 한다. 이 시점에서 크리에이터는 단순히 콘텐츠 생산자를 넘어, 1인 비즈니스로 넘어가게 된다. 여기서는 이 비즈니스를 넘어가는 두 가지 케이스에 대해 말해 보겠다.

많은 1인 크리에이터가 가장 먼저 시도하는 수익화 방식은 '제휴 마케팅'이다. 요리 채널을 운영하는 한 크리에이터 역시 영상에서 요리 재료, 밀키트, 주방 도구를 소개하며 쿠팡 파트너스를 통해 수익을 얻었다. 시청자가 링크를 클릭해 구매하면 일정 수수료를 받는 구조였다. 하지만 콘텐츠가 쌓이고, 구독자가 늘어나면서 변화가 찾아왔다. 구독자들의 질문과 반복되는 니즈가 보이기 시작한 것이다.

"이건 어디서 사요?"

"어떤 것을 쓰세요?"

이 과정에서 자연스럽게 깨닫게 된다. '내가 소개한 상품과 서비스를 구독자분들이 신뢰하고 소비한다면 다른 사람의 상품이 아니라, 내가 직접 상품을 만들 수도 있지 않을까?' 결국 그는 자신의 이름을 내건 밀키트를 기획해 자사몰에서 판매하기 시작했다. 그때부터 수익도, 브랜드도 함께 성장했다. 이제 그는 더 이상 단순히 콘텐츠 제작자가 아니라 자신만의 브랜드와 상품을 가진 1인 기업이 되었다.

다른 예시도 있다. 수강생 중 다이어트 채널을 운영하던 크리에이터가 있었다. 초반에는 식단 조절 팁, 운동 루틴 등을 공유했다. 다이어트 식품, 운동용품을 추천하고, 그 링크를 통해 소소한 제휴 수익을 얻는 구조로 운영되었다. 콘텐츠에 꾸준히 반응이 쌓이고, "어떤 식단이 진짜 효과 있나요?", "하루 루틴을 짜 주실 수 있나요?" 같은 질문이 반복되면서 단순한 제품 추천을 넘어선 개인 맞춤 코칭과 챌린지에 대한 수요가 생겨났다. 그렇게 한 달 다이어트 챌린지를 직접 열었다. 오픈 즉시 마감됐다. 제휴 상품을 소비하던 구독자들은, 이제 그녀의 프로그램을 믿고 신청하는 고객이 되었다. 이 역시도 제휴를 넘어서, 결국 자신의 브랜드 서비스로 전환된 흐름이었다.

이처럼 콘텐츠 기반 신뢰는, 상품이든 서비스든 '내 것'을 만들게 하는 출발점이 될 수 있다. **다만 두 방식은 분명히 다르다.** 한 크리에이터는 **상품**을 출시했고, 다른 한 크리에이터는 **서비스**를 출시했다. 겉보기엔 비슷해 보이지만, 전달 방식과 확장성에서 중요한 차이가 있다.

상품은 형태가 있는 가치다. 전자책, 노션 템플릿, 굿즈, VOD처럼 한번 만들어 두면 반복해서 판매할 수 있는 구조다. 초기엔 시간을 들여 만들어야 하지만 이후에는 손을 타지 않아도 지속적인 수익을 만들 수 있다는 점이 큰 장점이다. 반면, 서비스는 형태는 없지만, 그만큼 매번 내 시간과 에너지가 직접 들어간다. 1:1 컨설팅, 클래스, 챌린지처럼 매번 내가 직접 개입해야 하고, 그 구조 자체가 '지속적인 참여'를 필요로 한다. 이처럼 구조가 다르기 때문에, 브랜딩을 통해 수익화를 해 나가려는 우리는 두 방식의 차이를 명확히 이해할 필요가 있다.

상품은 몇 명이 구매하든 퀄리티가 동일하게 유지되며, 많이 팔수록 그만큼 수익을 얻는다. 반면 서비스는 더 많은 사람에게 제공할수록 시간과 에너지의 소모도 함께 커진다. 결국 물리적인 한계에 부딪히게 될 수밖에 없다. 따라서 지속 가능한 브랜딩과 수익화를 위해서는 **상품과 서비스 각각의 특성에 맞는 전략을 세워야 한다.** 상품은 더 많은 사람에게 도달되게 만들어 매출을 높여야 한다. 서비스는 적은 수의 고객에게 깊은 만족을 주는 방식으로 신뢰를 쌓아야 한다. 파이프라인을 다각화하려면 자동적으로 판매될 수 있는 상품을 세팅하고, 서비스는 소수에게 제공하며 단가를 올려 가는 구조로 나아가야 한다. 그래야 수익에서의 불확실성을 줄이고 브랜드의 지속 가능성도 확보할 수 있다.

물론 이 전략은 하나의 전제가 필요하다. 사람들의 문제를 해결할 수 있을 만큼의 가치가 먼저 준비되어 있어야 한다는 것이다.

상품은 어떻게 더 많은 사람에게 전달할 수 있을까? 그 해답은 콘텐츠에 있다. 콘텐츠는 상품의 존재를 알리고 반복적으로 노출되어 결국 사람들이 관심을 갖게 만든다. 만족도가 높다면 신뢰로 이어져 자연스럽게 입소문도 뒤따른다. 상품은 콘텐츠를 살 만틀수록 더 많은 사람에게 도달할 수 있다.

그렇다면 단가를 높이기 위한 서비스 구조는 어떻게 설계해야 할까? 한 가지 적용하기 쉬운 전략 하나를 소개하고 싶다. 간다 마사노리의 《비상식적 성공 법칙》에는 '악녀의 법칙'이라는 흥미로운 개념이 나온다. 연애에서는 상대에게 매달리는 '을'의 자세가 아니라, '너 아니어도 돼'라는 당당한 태도가 핵심이다.

이 법칙은 콘텐츠 비즈니스에도 적용할 수 있다. 고객에게 서비스를 애원하듯 판매하는 게 아니라, 니즈가 없는 고객은 제외하고, 니즈가 분명한 사람에게만 집중하는 전략이다. 즉, 먼저 제안하며 누구나 살 수 있는 서비스가 아닌, 소수만 구매할 수 있는 동시에 돈이 있어도 살 수 없는 서비스를 만들어야 한다. 이런 전략에는 세 가지 장점이 있다.

1. 브랜드가 고객과 대등한 위치에 선다.
2. 서비스에 대한 몰입도와 만족도가 높아진다.
3. 신뢰도 높은 브랜드 이미지가 만들어진다.

이 세 가지는 매우 중요하다. 고객이 '내가 사 줬다'가 아니라 '내가 선발되었다'고 느끼는 순간, 기존의 갑을 관계를 벗어나 대등한 교환이 가능해진다. 구매하지 못한 사람은 더 간절하게 원하게 된다. 사람은 가질 수 없는 것에 더 큰 가치를 부여한다. 희소한 것은 언제나 귀하고, 귀한 것은 비싸다. 브랜딩과 가치 있는 서비스가 준비된 상황이라면 '아무에게나 팔지 않는 전략'은 서비스에 기준이 명확한 브랜드로 인식되게 만들고, 진정성과 신뢰도를 높일 수 있다. 무엇보다도 선발 방식으로 내 브랜드에 맞는 사람을 고르면, 기대하는 결과를 만들 확률은 높아진다.

커밍쏜에서도 2년 넘게 진행한 유튜브 브랜딩 그룹 컨설팅은 매 기수마다 신청 폼을 통해 소수만 선발하는 방식이었다. 다수가 아닌 소수에게 몰입했기 때문에 만족도가 높았다. 선발 방식 덕분에 참가자들은 대부분 "감사합니다"라는 말을 하며 시작했다. '내가 선택받았다'는 인식은 곧 몰입과 책임감으로 이어졌다. 이렇게 만족도와 성과가 높아지자 입소문이 나면서 수요는 점점 많아졌다.

하지만 수요가 몰려도 모두를 받지는 않았다. 집중 가능한 규모를 유지하는 전략을 고수했고, 그 결과 항상 수요가 공급을 초과했다. 성과에 대한 신뢰가 이미 충분히 형성되어 있었기 때문에 이후 가격이 올라가도 초과 마감이 반복되었다.

내 대부분 프로젝트에서도 같은 전략이 적용됐다. 오프라인 세미나 신청 시에는 선착순이 아닌, 참여 이유와 공유 가능한 내용을 신청 양식에 작성하도록 구성했다. 그 결과 오히려 만족도는 더 높아졌고, 불참률은 0에 가까웠다. 유튜브 브랜딩 VOD 오픈 당시 진행한 리뷰단도 마찬가지였다. 단순히 홍보를 위한 모집이 아니라, 진정성 있게 참여할 사람만 선발했다. '소수만 선발되었다'는 인식이 만들어졌다. 책임감이 만들어진 덕분에 정성 담긴 참여가 늘었고 검색 시 상위 노출되는 반응 높은 후기들을 얻을 수 있었다. 실제로 이 후기들은 VOD를 더 많은 사람에게 자연스럽게 확산시키는 역할을 하고 있다.

이처럼 누구에게나 열려 있는 브랜드보다, 조건을 갖춘 사람에게만 열려 있는 브랜드가 더 전문적이고 신뢰를 준다. 물론 브랜드의 방향성과 서비스의 특성에 따라 전략은 달라질 수 있다. 하지만 콘텐츠 기반으로 사람을 모으고, 커뮤니티나 클래스, 코칭, 챌린지를 제공하는 초창기 단계에서는 인원을 제한하는 전략이 효과적일 수 있다.

만약 아직까지 상품과 서비스가 없는데 수익화에 대한 조급함이 든다면, 주제와 전략에 따라 가장 먼저 시도해 볼 수 있는 방향을 고민해 보자. 나는 먼저 소수의 사람에게 깊이 있게 다가가는 방식을 추천한다. 서비스로 직접 소통하고, 그들의 문제를 함께 경험하며 해결해 보는 과정을 통해 피드백을 쌓게 되면, 그 안에서 자연스럽게 상품 아이디어가 생겨나고, 그렇게 만들어진 상품은 실제로 높은 만족도와 지속적인 수익을 만들어 줄 것이다.

물론 전략에 따라 처음부터 상품으로 시작할 수도 있다. 내 지식과 노하우를 전자책이나 템플릿으로 정리해 배포하고, 반응을 관찰하며 방향을 잡는 것도 좋은 전략이다. 중요한 것은 내가 제공할 상품과 서비스가 나를 믿고 온 누군가의 문제를 진정성 있게 해결해 줄 수 있는지다.

결국 1인 브랜드가 지속 가능하려면 가치 있는 나만의 상품과 서비스를 하나씩 다양하게 쌓아야 한다. 상품과 서비스 중 어느 쪽이 더 중요하다고 단정할 수는 없다. 한쪽에 치우치기보다는 다양하게 하나씩 시도해 보자. 브랜드 방향에 맞춰 하나씩 만들어 가는 과정에서, 내 브랜드에 맞는 단단한 수익 구조가 만들어지고, 흔들리지 않는 브랜딩이 가능해진다.

커뮤니티가 내 비즈니스를 성장시키도록 하는 법

    1인 기업가의 삶을 처음 시작했을 때 가장 힘들었던 건, 외로움이었다. 내 주변엔 콘텐츠를 진심으로 이야기할 수 있는 친구도, 조언을 구할 곳도 없었다. 혼자 판단하고 결정하며 그게 틀릴 때마다 자책하곤 했다.

    그러다 우연히 크리에이터 모임에 참여하게 됐고 그 경험이 내 행동을 바꿨다. 비슷한 고민을 가진 사람들과 연결되자 시행착오가 줄었고 '나만 그런 게 아니구나' 하는 안도감이 생겼다. 그때 생각했다. 언젠가 나도 이런 환경을 만들고 싶다고. 나처럼 외로움을 겪는 사람들에게 이 방향이 맞다는 것을 말해 줄 수 있는, 그런 커뮤니티를 만들어 보고 싶다고 생각했다.

그래서 커밍쏜 채널을 시작한 지 3개월 차, 처음으로 작은 커뮤니티를 열었다. "함께 성장하고 싶은 분들, 모여 주세요."라는 말에 100명의 구독자가 모였다. 사실 출발은 단순했다. 먼저 사람들을 모은 뒤 커뮤니티의 목적을 함께 정해 가는 게 그들에게 더 도움이 될 것 같다는 생각이었다. 하지만 곧 깨달았다. **단순히 모였다고 커뮤니티가 만들어지는 것은 아니었다.** 누군가는 유튜브, 누군가는 퇴사를 이야기했고, 대화는 점점 엇갈리다 끝내 멈췄다. 그제야 알게 됐다. 커뮤니티를 시작하기 전, '왜 모이는지', '이 커뮤니티가 왜 존재해야 하는지'를 내가 먼저 고민해야 한다. 그리고 그 목적에 공감하는 사람들과 시작할 때에야 비로소 진짜 커뮤니티가 만들어지는 것이었다.

1년 후, 제대로 된 커뮤니티를 만들어 보고자 다시 도전했다. '유튜브 퍼스널 브랜딩 인사이트가 필요한 분들'을 모집하자 1,000명 넘는 사람들이 모였다. 숫자만 보면 성공이었다. 1,000명이라는 큰 숫자는 내가 성장했다는 증거처럼 느껴졌다.

하지만 뿌듯함은 오래가지 않았다. 이전과 달리 분명한 목적성이 있었지만, 규모가 커질수록 커뮤니케이션은 느슨해졌다. 구독자라면 누구나 무료로 들어올 수 있는 커뮤니티였기에 피드백만 받고 떠나는 사람들, 정보만 얻고 사라지는 사람들이 점점 많아졌다. 그러다 보니, 운영자로서 시간을 들이고 에너지를 쏟아도 그 누구의 변화도 확인하기 어려웠다. '이게 과연 의미 있는 일일까?'라는 회의감이 생겼다. 사람들이 성장할 수 있도록 돕기 위해 만든 커뮤니티가, 어느 순간 나에겐 소모적인 공간이 되었다.

초기엔 질문에 답하고 반응하며 버티는 방식으로 운영을 이어갔지만, 점점 열정을 잃었고 그 방식으로는 오래갈 수 없다는 것을 느꼈다. 리더로서 구성원들의 성장을 이끌기보다는 커뮤니티를 겨우 유지하는 관리자에 가까워진 내 모습이 낯설었다. 커뮤니티에서 중요한 것은 단순히 '나를 알고 있는 많은 사람들'이 아니라, 나와 함께 실행하려는 '의지가 있는 사람들'이 함께하느냐 여부였다. 돌아보면 그때의 커뮤니티에는 그런 사람들보다 그저 나를 알고 있는 분들이 대다수였다. 결국 나는 1,000명 규모의 커뮤니티를 정리했고, 그 실패를 계기로 지속 가능한 커뮤니티를 만들기 위해 반드시 지켜야 할 세 가지 원칙을 정리하게 됐다.

첫째, 커뮤니티는 '왜 모이는가'가 명확해야 한다. 단순히 모인다고 커뮤니티가 되는 것은 아니다. '왜 이곳에 함께 있는가'를 각자가 이해하고 공감할 수 있어야 연결이 유지된다. 함께 나아갈 수 있는 방향성과 공감대를 먼저 정하는 것이 커뮤니티의 시작점이다.

둘째, 오래 가는 커뮤니티는 성장할 수 있도록 돕는 구조를 갖춰야

한다. 단순히 정보를 얻고 떠나는 사람들, 피드백만 받고 참여하지 않는 구성원만으로는 공동체가 지속되기 어렵다. 커뮤니티는 정보를 주고받는 데서 그치지 않고 작게나마 행동하고 변화할 수 있도록 이끄는 구조가 만들어져야 한다. 사람은 '더 나은 나'로 작은 변화를 경험할 때 비로소 그곳에 머무르게 된다. 그 변화가 일어날 수 있도록 돕는 환경은 정서적 연결을 만들고 그 안에서 신뢰와 소속감이 만들어진다.

셋째, 내가 커뮤니티를 관리하는 관리자가 아니라 성장을 이끄는 리더가 되어야 한다. 커뮤니티는 단순한 '관리'만으로는 유지되지 않는다. 채팅을 점검하고, 분위기를 정리하는 역할만으로는 참여자들과의 관계도, 스스로 계속 이어 갈 동력도 금세 약해질 수밖에 없다. 구성원에게 소속감을 주려면 동기부여와 작은 성취가 중요하듯, 리더에게도 이 여정을 계속 이어 가기 위한 작은 의미와 보람이 필요하다. 그래서 리더는 단순히 커뮤니티를 운영하는 사람이 아니라, 구성원의 변화를 이끌어 내는 정체성을 가져야 한다. 그렇게 될 때 구성원들의 변화와 성장이 내가 커뮤니티를 운영해야 할 의미가 될 수 있다.

지속 가능한 커뮤니티는 기능이나 형식이 아니라, 리더의 태도에서 만들어진다. 내가 먼저 진심을 가지고 구성원들의 성장에 관심을 가질 때, 커뮤니티는 단순한 모임을 넘어 변화를 만드는 팀이 된다. 구성원이 '나도 할 수 있다'는 경험을 하게 되는 순간, 커뮤니티 안에서는 자발적 실행과 응원이 이어지는 선순환이 만들어질 수 있다.

이후 나는 단순히 나를 아는 많은 사람을 모으는 게 아니라 나를 신뢰하고 상품과 서비스를 구매한 사람들이 '지속해서 성장할 수 있는 환경'을 만드는 데 집중했다. 판매에서 끝나는 게 아니라, 실행까지 돕는 커뮤니티였다. 그렇게 만들어진 것이 지금의 '퍼스널메이커스 시크릿 커뮤니티'다. 이 커뮤니티는 세 가지 구조로 운영된다.

첫째, 내 방향에 공감하고 신뢰하는 사람들을 위한 공간이다. 시간과 에너지는 한정되어 있다. 수차례 시행착오를 거치며 '나를 신뢰하고, 같은 방향을 향하는 사람들'과 연결되고 싶다는 마음이 강해졌다. 그래서 유튜브 브랜딩 전자책과 VOD를 구매한 분들을 위한 커뮤니티를 기획했다. 약 200명 정도가 공통된 목적으로 참여했다. 그 안에서 누군가는 질문을 올리고, 누군가는 본인이 겪었던 시행착오를 공유하며 서로에게 동력이 되기 시작했다.

"나만 그런 게 아니구나."

"이 안에 있으니 계속할 수 있을 것 같아요."

이런 감정이 오갈수록, 신뢰를 기반으로 한 관계는 더 단단해졌다. 나 역시 나를 믿고 찾아온 사람들이 실제로 성장할 수 있도록 더 책임감 있게 운영했다. 그 진심이 쌓이며 커뮤니티 안에는 자연스러운 선순환이 만들어졌다.

1. 나를 신뢰하는 사람들이 참여한다.
2. 진심을 다해 성장할 수 있도록 돕는다.
3. 성장한 이들이 경험을 공유한다.
4. 더 큰 신뢰가 쌓이며 새로운 참여자가 유입된다.
5. 다시 처음으로 돌아가 선순환이 이어진다.

이 사이클을 경험하며 나는 확신하게 됐다. 단순히 많은 사람을 모으는 것이 아니라, 방향이 같은 사람들과 깊게 연결되고, 그들을 진정성 있게 이끌 때 지속 가능한 커뮤니티가 만들어질 수 있다.

둘째, 실제 성장할 수밖에 없는 시스템이다. 신뢰와 공감만으로는 실행이 지속되지 않는다. 그래서 나는 멤버들이 실제로 변화할 수밖에 없도록 커뮤니티 안에 두 가지 구조를 설계했다. 하나는 2주마다 열리는 라이브 Q&A다. 서로의 성과와 고민을 공유하고, 동기를 회복할 수 있는 자극과 인사이트를 나누는 시간이다. 다른 하나는 분기마다 열리는 오프라인 세미나로, 유튜브 브랜딩을 해나가는 사람들이 모여, 환경 설정을 하고 실전 노하우를 공유하는 자리다.

라이브 Q&A는 1년 넘게 빠짐없이 진행됐다. 단순한 라이브 강의가 아니라, 멤버들의 고민을 나누고 서로의 실행을 점검하는 중심축이 되었다. 늘 시간을 넘겨 진행될 정도로 밀도 있는 이야기가 오갔다. 서로의 성과를 공유하고, 고민을 해결했다. 나 역시도 새롭게 얻은 인사이트들을 거리낌 없이 나눴다. '이 시간이 있어서 다시 중심을 잡게 됐다'는 후기가 쌓이며, 그렇게 라이브 세션은 점점 지속과 성장을 돕는 커뮤니티의 핵심 프로그램이 되었다.

오프라인 세미나는 분기마다 한 번, 강연을 진행하고 멤버들 간 실제로 얼굴을 마주하고 이야기를 나누는 프로그램이다. 물론 준비에는 많은 시간과 에너지가 들지만, 끝나고 나면 '비슷한 목표를 가진 사람들과 이야기하면서 다시 용기를 얻었어요' 같은 피드백이 돌아왔다. 내 일상 속에는 퍼스널 브랜딩을 함께 해 나가는 사람이 없지만, 이 세미나에서는 같은 목표를 가진 사람들이 모인다. 그 안에서 나눈 자극과 위로는 다시 실행을 이어갈 동력이 되었다.

세 번째, 커뮤니티에서 '주인공이 되는 경험'을 설계한다. 지금 커뮤니티에서는 아무리 작은 성과도 함께 축하하고, 슬럼프일 땐 응원을 주고받을 수 있는 문화가 있다. 누구나 커뮤니티 안에서 주인공이 될 수 있도록 만든 것이다. 그런 정서적 연결이 쌓일수록, 구성원들은 이 공간에 몰입하고 더 오래 머문다는 것을 경험했다. 작은 성과에 축하를 받은 사람은 자부심을 느끼게 되고, 응원받은 사람은 '나도 해낼 수 있다'는 감정을 느낀다. 그 감정은 행동으로 이어지고, 행동은 변화를 만들며, 또 다른 사람의 동기를 자극한다. 이렇게 커뮤니티 안에서는 긍정적인 흐름이 자연스럽게 확산된다. 그 과정을 겪으며 사람이 커뮤니티에 머무는 이유는 구조가 아니라 감정이며 그 감정은 커뮤니티 안에서 주인공이 된 경험에서 비롯될 수 있다는 것을 확신하게 되었다.

이 감정의 선순환이 만들어지자 커뮤니티는 단순히 유지되는 공간을 넘어 살아 있는 브랜드의 자산이 되었다. 변화를 경험한 사람들은 자발적으로 내 콘텐츠와 서비스를 홍보해 주기 시작했다. "이런 프로젝트 필요하지 않으세요?", "운영 혼자서 어려우시면, 제가 도와드릴게요"라는 제안으로도 이어졌다. 커뮤니티에서 함께 실행한 분들이 동료이자 파트너가 되어 가는 경험은 1인 브랜드로서 내가 상상하지 못했던 커뮤니티의 다음 단계를 보여 주었다. 예전에는 절대 다수를 모으는 게 중요했다면, 이제는 방향성이 같은 소수와 깊이 연결되고 시너지를 만드는 '이너서클형 커뮤니티'가 더 중요해지고 있다. 정보는 빠르게 무료화되고 있고, 인공지능으로도 대부분의 지식은 쉽게 얻을 수 있다. 이 시대에 진짜 중요한 건, 함께 실행하고 변화할 수 있도록 돕는 환경이다.

멤버 사이 밀도 있는 연결, 리더와 멤버 간 정서적 유대, 변화를 만드는 실행 구조, 이 세 가지가 갖춰질 때 커뮤니티는 단순한 모임을 넘어 1인 브랜드의 지속 가능성을 만드는 핵심 자산이 된다. 실제로 내가 진행하는 프로젝트의 대부분에 커뮤니티 멤버들이 함께하고 있다. 신뢰를 기반으로 관계가 깊어졌을 때, 그 관계야말로 가장 강력한 브랜드 자산이 된다는 것을 직접 경험하고 있다.

소설 《데미안》에 이런 문장이 있다. "사람은 자신의 세계를 넓혀 준 사람을 잊지 못한다." 콘텐츠를 넘어, 커뮤니티 안에서 실제로 변화를 만들 수 있다면, 그는 팬을 넘어 브랜드에 확신을 가진 슈퍼팬이 될 수 있다. 그리고 그는 내 브랜드의 신뢰를 증명하는 가장 든든한 조력자가 된다. 그렇게 변화가 하나둘 쌓일수록 내 메시지는 힘을 얻고, 브랜드는 지속 가능해질 수 있다.

결국 오래 살아남는 브랜드는 관계를 설계하는 브랜드다. 특히 1인 기업일수록 중요한 것은 '어떻게 많은 사람들과 연결될 것인가'가 아닌 '어떻게 나를 믿고 찾아온 사람들을 변화시킬 것인가'이다. 그 질문에 진심으로 답할 때, 신뢰가 생기고 브랜드가 지속될 수 있다. 혼자 빨리 가는 것이 아니라, 함께 멀리 가는 것, 그게 바로 1인 브랜드가 지향해야 할 방향이지 않을까.

전자책 팔이, 강의 팔이라 불러도 괜찮은 이유

 퇴사를 결심했을 때 스스로에게 한 가지 약속을 했다. 정확히 퇴사 3년 후, 이탈리아 포지타노에서 디지털 노마드 프로젝트를 시작하겠다고. 포지타노를 시작으로 1년간 전 세계를 돌며 콘텐츠를 만들고 내 일을 하며 살아가겠다고 다짐했다.

 대학교 4학년이 되기 전, 아르바이트로 모은 500만 원으로 약 70일간 유럽 배낭 여행을 떠난 적이 있다. 마지막 목적지는 이탈리아 포지타노였다. 가진 돈이 거의 다 떨어져 레스토랑엔 갈 엄두도 못 냈다. 해변에서 커다란 파니니를 먹고 있는데, 카페에서 노트북으로 작업하는 사람들이 눈에 들어왔다. 옆엔 레몬첼로 잔이 놓여 있었다. 여유로워 보였다. 그때 '나도 언젠가 자유롭게 세계를 돌아다니며 노트북 한 대로 일하는 삶을 살아야겠다'고 결심했다.

하지만 당시엔 그 방법을 몰랐다. 그런 삶을 살아가는 사람이 주변에 없었고, 유튜브도 지금처럼 활성화되어 있지 않았다. 그러다 퇴사를 고민하던 시기에 잊고 지냈던 그 꿈이 떠올랐다. 그래서 퇴사 후 커밍쑨의 첫 번째 큰 마일스톤을 '포지타노에서의 디지털 노마드'로 정했다.

내가 정의한 디지털 노마드는 원하는 시간과 장소에서 노트북 한 대로 내가 원하는 프로젝트를 하는 삶이다. 해외의 기차 안이나 비행기 안에서도 내 일을 이어 갈 수 있다면, 그 자체가 자유였다. 낯선 도시에서 눈을 뜨고, 자유롭게 살아가는 사람 속에 섞여 다양한 삶을 경험한다면 얼마나 짜릿할까. 내가 멈추지 않고 달릴 수 있었던 건, 그런 이상적인 라이프스타일이 분명히 그려져 있었기 때문이었다.

2023년 연말, 지금의 내 상황을 돌아봤다. 나를 브랜딩하는 과정을 유튜브로 공유한 지 1년이 지나자, 감사하게도 여러 파이프라인이 생겨났다. 컨설팅, 구글 애드센스 수익을 위한 콘텐츠 기획, 브랜디드 광고 제작, 챌린지형 커뮤니티, 외부 강연 등 모든 수익 구조가 SNS를 통해 만들어졌다. 콘텐츠는 집이 아니어도 어디서든 제작할 수 있었고, 브랜딩 컨설팅 역시 줌을 활용해 장소에 구애받지 않고 진행할 수 있었다. 광고나 커뮤니티 운영도 마찬가지였다. 덕분에 해외 여행 중에도, 다른 지역으로 갑작스레 '워케이션'을 떠나서도 작업할 수 있는 환경이 마련됐다.

하지만 시간의 자유는 여전히 없었다. 출근 시간은 자유로워졌고, 수익도 이전보다 증가한 것은 사실이지만 일상은 오히려 더 바빠졌다. 지금 운영 중인 대부분의 파이프라인은 모두 내 시간을 직접 투입해야만 수익이 발생했다. 내가 일하지 않으면 수익도 정지되는 방식이었다. 매일 새벽 1시, 2시가 되어서야 맥북을 덮는 게 일상이 되었다. 나는 디지털 노마드의 삶을 더 지속 가능하게 만들기 위해, 휴일 없이 하루 12~13시간씩 일에 몰두하고 있었다. 해외에서 1년간 여행하며 살아가려면 더 많은 돈이 필요하다고 생각했기 때문이다.

자연스럽게 이동이 부담스러워졌고, 근교 카페나 먼 곳으로의 여행조차 꺼려지기 시작했다. 내 활동 반경은 좁아졌고, 효율적인 동선만 따르며 움직이는 나를 발견했다. 효율성을 추구할수록, 실제로는 시간에 대한 결정권과 행동 반경 모두 더 줄어들었다.

하루 종일 일해도 결국 한 개인이 가진 시간에는 한계가 있었다. 어느 순간부터 아무리 시간을 써도 수익이 정체되기 시작했다. 시간의 여유를 잃자, 장소의 자유도 함께 잃게 됐다. 그렇게 나는 점점 지금의 삶이 처음 꿈꿨던 디지털 노마드와는 다르다고 느끼기 시작했다. 퇴사 후 2년 차, 내가 원했던 라이프스타일을 현실로 만들기 위해선 이제까지 하지 않았던 새로운 도전이 필요하다는 것을 깨달았다.

전자책? 그거 유행 지났잖아

예전에는 콘텐츠 제작이 가장 큰 고민이었지만, 이제는 새로운 수익 구조와 파이프라인 시스템이 고민거리가 되었다. 원하는 라이프스타일을 만들기 위해서는 시간과 에너지를 끝없이 쏟아붓는 방식에서 벗어나야 했다. 다행히 방법은 이미 나보다 먼저 1인 사업가로 활동하는 이들이 잘 보여주고 있었다. 각자 브랜드의 주제와 정체성에 따라 다양한 파이프라인을 갖추고 있었는데, 공통점은 모두 온라인 상품과 서비스였다. 전자책, 템플릿, 클래스 등 자신의 경험과 노하우를 담은 상품을 만들어 온라인에서 수백, 수천 명에게 판매하고 있었다.

수익은 P(가격)×Q(수량)으로 단순화할 수 있다. 수익을 늘리려면 가격을 높이거나 판매 수량을 늘려야 한다. 내가 진행 중인 그룹 컨설팅은 한 번에 100명, 200명을 받을 수 있는 구조가 아니다. 물론 회차마다 만족도, 업데이트 요소 등을 반영해 가격은 점점 오르고 있다. 하지만 무작정 올릴 수는 없다. 내가 제공할 수 있는 가치보다 높은 가격을 책정하면 지속이 될 리가 없다. 초반엔 나를 믿는 사람들이 구매해 주겠지만, 곧 한계가 드러나고 만족하지 못한 후기가 누적되면 신뢰가 깨질 것이다. 결국 지금 구조로는 수익의 상한이 명확했다.

하지만 온라인 상품이 있다면 어떨까? 그것이 가치가 증명된 정보와 노하우를 담고 있다면? 매번 직접적인 시간과 에너지가 투입되어야 하던 클래스, 컨설팅과 달리 한번 완성되면 이후 판매가 일어날 때마다 추가적인 시간과 에너지를 쓰지 않아도 된다. 오프라인은 한계가 있지만 온라인 트래픽은 무한하다. 하루 10개, 100개, 1,000개, 그 이상까지 판매될 수 있다는 장점이 있다.

물론 온라인 상품은 기획과 제작 과정에서 철저한 검증이 필요하다. 다수의 니즈를 충족시켜야 하기에 콘텐츠의 퀄리티에도 많은 시간과 에너지를 들여야 한다. 1:1은 유연하게 대응할 수 있는 반면, 온라인 상품은 사용자와 직접적인 관계 형성이 어렵고 소통이 제한되므로 리스크가 생기기 쉽다. 하지만 이 모든 조건이 충족된다면, 수익도 빠르게 확대될 수 있었다.

나는 지금까지 수십 명의 크리에이터를 컨설팅하며 현장에서 커리큘럼을 검증해 왔다. 같은 내용을 진행해도 사람마다 이해 단계와 막히는 지점이 달랐기에, 1:1 코칭으로 개별 문제를 짚어가며 경험을 축적했다. 그 결과 매 기수마다 보완점을 찾아 모듈과 과제를 업데이트했고, 참여자 대부분이 만족하며 눈에 보이는 성과를 만들었다. 실제 점점 많은 수강생이 브랜딩으로 수익을 내고 삶을 바꿔 나갔다. 커리큘럼이 충분히 정제됐다고 판단했다.

지난 1년간 유튜브 브랜딩 컨설팅을 해 온 덕분에, 나에게 적합한 온라인 상품은 쉽게 정할 수 있었다. 유튜브 퍼스널 브랜딩의 경험과 노하우를 담은 전자책과 VOD였다. 하지만 실제 판매를 위해서는 생각보다 많은 요소를 고려해야 했다. 어디서, 어떻게 판매할지, 어떤 결제 시스템을 사용할지, 홈페이지 내에서 VOD가 재생 가능한지 등, 생각만 해도 머리가 아파지는 문제들이었다.

처음에는 모든 것을 혼자 처리하기보다는 펀딩 플랫폼이나 온라인 클래스 플랫폼에 입점하는 방안을 고려했다. CS, 광고, 판매, 홈페이지 운영 등을 직접 관리하지 않아도 된다는 점은 분명한 장점이었다. 하지만 예상보다 높은 수수료와 수익 배분 방식이 큰 부담이었다. 수수료는 적게는 20%, 많게는 50%까지 발생했고, 여기에 광고비까지 더해지면 실제로 내가 받을 수 있는 금액은 매우 줄어들었다. 10만 원짜리 상품을 판매해도, 수수료와 광고비를 제하면 내게 남는 것은 4만 원도 되지 않았다. 이후 나는 플랫폼에 입점해 얻을 수 있는 장점과, 자체적으로 운영했을 때의 이익을 신중하게 비교하며 고민하기 시작했다. 추가로 이미 펀딩이나 교육 플랫폼 입점을 경험한 동료 사업가들에게 조언을 구했다. 대부분은 입점을 말렸다.

"커밍쑨 님은 유튜브랑 인스타그램 팬층이 있으신데 굳이 왜 입점해요?"

"수수료가 별거 아닌 것 같아도 쌓이면 꽤 부담이에요. 광고비도 생각보다 많이 들어가요. 그냥 혼자 해 보세요."

그들의 이야기를 종합하면 이랬다. 만약 전문성은 있지만 본인의 채널이 없다면, 플랫폼 입점이 훨씬 효율적일 수 있다. 수익화를 처음 시도하는 경우라면 온라인 상품의 첫 벽을 넘기 위해 제3의 플랫폼을 활용하는 것이 도움이 되기도 한다. 하지만 유튜브나 인스타그램에서 일관되게 활동해 오며, 소수라도 명확한 팬덤이 있다면 굳이 외부 플랫폼에서 상품을 출시할 필요는 없다는 것이다. 결국 어디서 판매하든, 구매하는 사람은 처음 보는 사람이 아니라 그동안 지켜봐 온 팬이라는 사실을 경험했기에 그들은 진심으로 그렇게 조언해 주었다.

당연히 한 번도 해 보지 않은 길이었기에 망설여졌다. 내가 혼자 할 수 있을지도 모르겠고, 홈페이지도 필요하고 상품 기획이나 마케팅 전략도 세워야 하는데 하는 걱정이 떠올랐다.

하지만 고민만 하기에는 시간이 너무 빠르게 흘러갔다. 마음속에서 만약 내가 혼자서 해 낸다면 어떨까 하는 생각이 들었다. 이 과정은 나를 믿고 따라오는 분들에게도 전달할 수 있는 또 하나의 실전 노하우가 될 수 있었다. 그리고 이제는 안다. 실패든 성공이든, 모든 시도는 결국 경험치가 된다는 것을. 그런 생각에 이르자 결론은 간단해졌다.

'혼자서 한번 해 보지, 뭐.'

우선 전자책 기획이었다. 1년 넘게 컨설팅을 진행해 왔기 때문에, 이미 수십 개의 강의와 컨설팅 녹화본이 있었다. 먼저 영상 편집 프로그램을 활용해 녹화본에서 음성만 추출했고 AI를 가지고 텍스트로 변환했다. 클릭 몇 번이면 되는 간단한 작업이었다. 이렇게 추출한 텍스트를 기반으로 목차를 짜고, 전자책의 내용을 하나씩 구성해 나갔다. 그동안 콘텐츠 댓글과 DM, 컨설팅 현장에서 받은 수많은 질문 덕분에 어떤 부분에서 사람들이 어려움을 겪는지 파악하고 있었다.

하지만 순조롭게 진행되던 중 한 가지 의문이 생겼다. 나라면 이 책을 보고 실제로 따라 할 수 있을까? 가장 중요한 것은 빠르게 만드는 게 아니라, 전자책을 읽는 사람이 혼자서 적용할 수 있도록 만드는 것이었다. 영상이나 대화가 아닌 텍스트만으로 이해할 수 있어야 했기에 설명은 쉽고 구체적이어야 했다.

내용 추가와 세부 수정이 끝없이 이어졌다. 책을 쓰는 과정을 인스타그램 스토리와 유튜브를 통해 공유하며 자연스럽게 관심을 모았다. 전자책 집필은 1월에 시작해 4월에 마무리됐다. 약 4개월간 준비한 전자책은 유튜브 브랜딩, 채널 운영 전략, 수익화 전략까지 총 3권, 약 500쪽 분량으로 완성됐다. 나의 브랜딩 방법과 시행착오를 모두 공개했기에 그 자체로도 충분한 가치가 있다고 믿었다.

당연한 말이지만, 1인 기업이 새로운 상품을 내놓으면 마음 한편엔 혹시 아무도 구매하지 않으면 어떡하나 하는 불안감이 생긴다. 나 역시 그런 걱정에서 자유로울 수 없었다. 하지만 전자책을 처음 게시하자 반응은 예상 이상이었다. 하루 만에 약 1,000만 원의 수익이 발생했다. 전자책 안에 담긴 세부적인 방법과 실제 사례를 확인한 분들로부터 감사 후기가 쏟아졌다. '분명 제가 돈을 냈는데, 커밍쏜 님에게 빚지는 느낌이에요. 감사합니다.' 이런 메시지를 받을 때마다 단순한 수익을 넘어 진짜 가치를 전달했다는 확신이 들었다.

사실 시작 전 주변 크리에이터들은 전자책 출간을 조심스럽게 말렸다. 2024년에 전자책 시장은 이미 한물갔다는 의견이 많았다. 전자책이 가장 활발했던 시기는 부업 열풍이 있었던 2021년과 2022년이었다. 이후 유튜브와 인스타그램 등에서 고퀄리티 정보가 무료로 쏟아지면서 유료 전자책 구매는 줄어들었다.

그 흐름을 모르는 것은 아니었다. 나부터 수많은 시행착오 끝에 얻은 노하우를 유튜브에서 무료로 공유하고 있었다. 다만 다수가 소비하는 콘텐츠는 초보도 이해할 만큼 난도를 낮추고 흥미 요소를 담아야 한다. A부터 Z까지 하나의 콘텐츠에 모두 담으면 대부분의 시청자는 중간에 이탈하고, 시청 지속 시간과 반응이 떨어진다. 반면 특정 목적의 소수 지향 콘텐츠는 어려워도 된다. 더 깊은 방법론이나 사례는 학습을 목적으로 한 교육 플랫폼 강의나 유료 콘텐츠에서 오래 다뤄진다. 나는 바로 그 지점을 공략했다.

무료 콘텐츠는 불특정 다수가 보기 때문에 먼저 설득이 필요하다. 문제를 짚어 주고 해결 과정을 보여주며 신뢰를 쌓는 것이 핵심이다. 반대로 유료 상품은 이미 방향성에 공감하고 동의한 사람들이 찾아오기 때문에, 설득보다는 실제 변화를 만들어낼 수 있는 구체적인 방법과 노하우 하나하나가 더 중요하다. 또한 유료 상품은 시청 지속 시간에 구애받지 않으므로, 정보를 압축하기보다 필요한 내용을 끝까지 세세하게 풀어내는 데 목적이 있다.

많은 사람이 무료에서는 정보를 아끼고 유료에서만 보여줘야 한다고 생각하지만, 내가 경험한 차이는 **정보의 범위가 아니라 목적의 범위**였다. 무료는 공감과 신뢰를 쌓는 것이 목적이고, 유료는 그 신뢰를 기반으로 문제 해결을 돕는 것이 목적이었다.

판매자와 구매자 모두 도움이 되는 수익화

다음으로 구축해야 할 프로젝트는 온라인 클래스였다. 텍스트와 이미지 기반의 전자책과 달리 신경 써야 할 요소가 훨씬 많았다. 강의 자료, 대본, 촬영 장소, 촬영, 편집까지 하나하나 고려해야 했다. 다행히 앞선 4개월간 집필한 전자책이 훌륭한 목차이자 대본 역할을 해 줬다. 그 내용을 바탕으로 온라인 클래스에 맞게 업데이트를 시작했다.

우선 전자책을 구매한 분들에게 반복적으로 나온 질문들을 분석했다. 유튜브 브랜딩과 콘텐츠 사례가 한두 개면 충분할 거라 생각했는데 내 착각이었다. 처음 유튜브를 시작하는 사람들에게는 브랜딩이란 개념 자체가 낯설었고, 이해하고 적용하기 위해선 구체적인 예시가 더 많이 필요했다. 커밍쏜의 콘텐츠 사례뿐 아니라 성과를 낸 수강생들의 실제 사례를 추가하며 누구나 보고 따라 할 수 있도록 대본과 강의 자료를 하나씩 보완해 나갔다.

촬영 장소를 두고 고민이 있었다. 처음엔 호리즌 스튜디오(곡면 배경을 갖춘 촬영 장소)처럼 누가 봐도 전문가 같은 공간을 고려했다. 하지만 곧 내 콘텐츠를 소비하는 구독자와 팔로워들이 이 VOD의 주 시청자라는 점을 떠올렸다. 그들에게 가장 익숙한 공간은 평소 콘텐츠를 찍어 왔던 집이었다. 게다가 이번 촬영은 한

두 편으로 끝나는 게 아니라 총 60편에 달했기에, 촬영 진입 장벽을 낮추는 것이 중요했다. 결국 거실에 조명을 설치하고 촬영했다.

VOD는 한번 완성되면 수정이 어렵기에 의도한 내용을 빠짐없이 정확히 담아야 했다. 그래서 직접 편집하며 오해의 소지가 있거나 핵심 내용이 누락된 경우엔 과감히 재촬영을 반복했다. 예상보다 시간이 훨씬 오래 걸렸다. 10분짜리 영상을 하나 완성하려면 촬영부터 편집까지 평균 두세 시간이 걸렸다. 모든 과정을 혼자 맡다 보니 VOD 기획에만 몰두하게 됐고 다른 일은 손쓸 수 없을 만큼 밀려났다. 촬영과 편집 생각만 해도 숨이 막힐 정도로 스트레스를 받기 시작했다.

제작 시스템에 변화를 줘야 했다. 우선 내 판단이 크게 필요 없는 단순 자막 작업은 외주 편집자에게 맡겼다. 또 가능한 한 많이 찍는 방식에서 벗어나, 하루에 3강 분량만 촬영하고 편집하는 방식으로 목표를 줄였다. 그러자 일과에 약간의 여유가 생기기 시작했다. 그 시간 동안 VOD 제작 과정을 꾸준히 콘텐츠로 공유했다. 제작 중인 사실을 알리고 소식을 전하는 것은 중요했다. 아무리 VOD가 잘 만들어졌더라도 제작 중에 콘텐츠를 올리지 않거나 소식을 알리지 않으면 관심도는 떨어질 수밖에 없기 때문이었다.

2024년 4월부터 제작을 시작한 유튜브 퍼스널 브랜딩 클래스는 10월 4일, 총 60강 분량으로 오픈했다. 미리 공지한 날짜를 맞추기 위해 마지막 3주간은 밤을 새워 작업했다. VOD 편집 검수, 상세 페이지 최종 수정, 썸네일 제작, 결제 시스템 점검까지 마무리하며 혹시 모를 이슈를 대비해야 했다.

강의를 완성했을 때 느낀 것은 성취감보다도 피로감이었다. 쉬지 않고 나를 갈아 넣었기에 이제는 휴식이 절실했다. 유튜브 브랜딩 VOD 오픈 소식을 알리는 콘텐츠 업로드 예약까지 마치고 오픈 당일 일본행 비행기에 몸을 실었다. 후쿠오카 공항에 도착하자마자 핸드폰을 확인하는데 믿기 어려울 정도로 알림들이 연이어 울렸다.

VOD가 개설되자 단 몇 시간 만에 수백만 원의 수익이 발생했다. 컨설팅처럼 내가 직접 시간을 투입하지 않아도 판매가 이루어지고 있었다. 처음엔 믿기지 않았다. '정말 이렇게 되는 건가?' 여행 중에도 시간마다 판매가 계속됐고, 관련 문의도 쏟아졌다. 내가 답변하기도 전에 수강을 시작한 분들이 강의에 만족하며 커뮤니티에서 자발적으로 VOD를 홍보하기 시작했다. 입소문의 힘은 강력했다. 고민하던 사람들도 구매로 이어지며 선순환이 만들어졌다. 그렇게 2024년 마지막 프로젝트였던 온라인 클래스는 첫 정산으로 약 1,500만 원의 수익을 기록했다. 퇴사할 때 꿈꿨던 '월 1,000만 원 수익'이 온라인 클래스 하나로 달성된 것이다.

물론 온라인 클래스와 전자책에 대해 부정적인 시선이 있는 것도 사실이다. 포장은 그럴듯한데 막상 열어 보면 별 내용이 없었다는 불만이다. 실제 퀄리티가 낮은 유료 상품을 내놓는 사람들이 있고, 그런 경험을 겪은 소비자라면 당연히 온라인 콘텐츠에 대해 먼저 의심하게 된다.

하지만 이런 현실을 탓해 봤자 생산자인 우리에게는 아무런 도움이 되지 않는다. 그렇다고 이 파이프라인을 포기하기에는 아쉬움이 크다. 그렇다면 결국 본질로 돌아가야 한다. 사람들이 전자책이나 VOD에 기대하는 것은 '내 문제를 직접 해결할 수 있다'는 믿음이다. 그 신뢰를 지키고, 그 이상을 줘야 한다.

여기서 중요한 것은 본질이다. 결국 상품의 본질은 문제 해결에 있다. 나를 믿고 온라인 상품을 구매한 사람들이 실제 변화를 만들고 높은 만족도를 만든다면 파이프라인의 선순환이 만들어질 수 있다.

세계적인 베스트셀러 《부의 추월차선》에서는 돈이 열리는 다섯 가지 나무를 소개한다. 임대, 소프트웨어, 콘텐츠, 유통, 인적자원 시스템이다. 그중 평범한 내가 시도할 수 있었던 것은 콘텐츠 시스템뿐이었다. 집을 사서 임대하거나 소프트웨어를 만드는 것은 불가능했지만, 내가 가진 지식과 경험으로 누군가의 문제를 해결하는 것은 할 수 있었다. 콘텐츠로 고민을 해결하고 신뢰를 쌓으며, 더 구체적인 도움이 필요한 사람들에게 온라인 상품으로 연결되도록 만든 것이다.

《부의 추월차선》에서는 콘텐츠 시스템을 '한번 창작이 완료되면 오랫동안 수익이 열리는 나무'라고 표현한다. 물론 온라인 상품에서 나오는 수익은 고정적이지 않고, 계속 놀아도 엄청난 수익이 발생하는 것도 아니다. 하지만 1인 기업의 불안감은 대부분 불확실한 상황 속 수익 감소에서 발생된다. 이때 신경을 쓰지 않아도 일정한 수준 수익이 발생하는 시스템이 있다면 안정감이 생기고, 장기적인 관점에서 다음 도전도 가능해진다.

지금 1인 비즈니스로 모든 시간과 에너지를 투입하고 있고, 그 과정에서 성장과 수익의 한계를 느끼고 있다면, 브랜드와 연결된 온라인 상품을 과감히 기획해 보자. 전달하려는 가치가 분명하다면, 더 많은 사람들이 도움을 받을 수 있을 뿐 아니라 내 브랜딩이 지속 가능해질 수 있다.

내가 후킹 위주의
콘텐츠를 만들지 않는 이유

무료 콘텐츠를 보고 더 직접적인 도움이 필요한 사람들을 위해 고정 댓글과 유튜브 설명 탭에 강의 페이지 링크를 남겼다. 관심이 있는 구독자들은 해당 링크를 통해 자사몰로 들어와 상세 페이지를 확인하고 상품을 구매했다. 하지만 이 상품이 모든 사람에게 필요한 것은 아니라고 판단했다. 최소한의 도움만 있어도 혼자 시작할 수 있는 사람도 있기 때문이다. 그래서 두 가지를 무료로 공개했다.

첫 번째는 많은 사람들이 어려워하는 주제 선정법이다. 시작을 망설이는 분들을 위해 주제를 정리하는 방식과 내가 겪은 과정을 공유했다. 두 번째는 브랜딩에서 가장 중요한 '나만의 이유 why'다. 브랜딩에서 메시지의 중요성은 대부분 알고 있지만, 실제로 세상에 전하고 싶은 메시지를 찾는 방법은 잘 모른다. 나는 커밍쏜과 기타 채널을 브랜딩하며 자신만의 이유를 정의했고, 많은 분의 메시지를 찾아낸 경험을 바탕으로 'why를 찾는 법'을 공개했다.

이 작은 배려가 오히려 더 큰 신뢰를 만들었다. 콘텐츠에서 유입된 이들이 클래스의 가치를 느끼고 구매했다. 처음으로 콘텐츠 트래픽이 온라인 상품으로 연결되는 시스템이 만들어진 순간이었다. 놀랍게도 온라인 상품만으로 월 수익은 수직 상승했다. 1개월 차 1,600만 원, 2개월 차 890만 원, 3개월 차 1,100만 원이 발생됐다. 여기에 유튜브 브랜딩 그룹 컨설팅, 1:1 컨설팅, 유튜브 애드센스, 내부 챌린지, 외부 강연, 브랜디드 협업까지 포함하면 수익은 훨씬 더 컸다.

하지만 월 고정 수익이 1,000만 원을 넘었다고 기뻐할 게 아니었다. 생존하려면 계속해서 성장해야 한다는 압박이 생겼다. 그러다 보니 스스로를 더 많은 매출로 증명해야 한다는 생각에 사로잡히게 됐다. 어느 순간부터 매출에 집착하는 나 자신을 발견했다. 과거에 강박적으로 구독자와 조회수를 체크하듯, 자고 일어나면 매일 아침 자사몰 페이지를 열어 매출을 확인했다. 매출이 저조하면 불안감이 찾아왔다.

여유가 사라지자 콘텐츠가 점점 자극적으로 변했다. 썸네일도 '후킹' 위주로 바뀌었다. '유튜브로 돈 버는 방법', '월 수입 얼마' 같은 자극적인 메시지를 전면에 내세웠다. 실제로 "유튜브 지금 기회입니다"라는 영상에서 수익을 공개하자 조회수 24만 회를 달성했다. "유튜브로 부자됐다는 유튜버 말만 믿고, 540일 동안 유튜브에 올인했더니…수익 인증" 영상은 69만 회를 달성했다. 덕분에 매출이 순간 오르기도 했지만 그뿐이었다. 자극적인 맛은 금세 질리기에 그 효과는 금방 떨어졌다.

무엇보다 매 콘텐츠마다 수익만을 내세우다 보니 점점 더 강한 후킹이 필요하다는 압박이 생겼고, 더 큰 숫자에 집착하게 되었다. 만약 내가 단순히 '많은 돈을 벌어야 한다'는 메시지를 전하는 크리에이터였다면 상관없었을 것이다. 그러나 나는 '브랜딩을 통해 주인공이 되는 삶'을 전해야 하는 사람이었기에 괴리감이 더 크게 다가왔다. 항상 3년 후의 나를 그리던 시야는 사라지고, 눈앞의 매출 숫자에 집착하는 나만 남아 있었다.

오랜만에 만난 지인인 전인턴 님이 이런 말을 했다.

"커밍쏜 님을 보면 항상 멀리 보고 방향성 있게 만들어 가서 다음에 뭘 할지 기대가 됐는데… 지금은 콘텐츠에서 그게 안 보여요."

인정할 수밖에 없었다. 나는 지금 내가 그렇게 싫어하던, 지속 가능하지 않은 콘텐츠를 만들고 있었다.

크리에이터끼리 모이는 자리에서 각자 브랜드가 그리는 미래에 대해 오래 이야기했다. 콥튜브 님은 해변가에서 오전엔 아들과 서핑하고, 오후엔 잠깐 일한 뒤, 저녁엔 결이 맞는 사람들과 모닥불 앞에 둘러앉아 삶에 대해 이야기하고 서로에게 도움이 되는 구조를 만드는 삶을 꿈꾼다고 했다. 그가 물었다.

"커밍쏜 님은 어떤 미래를 꿈꿔요?"

"저는 세계를 여행하며 일하는 삶이요. 원하는 시간, 장소에서 노트북만 가지고도 일하는 삶을 살고 싶어요. 이번 1년 디지털 노마드 경험을 통해 더 선명해지겠지만 지금은 이 라이프스타일을 지향하고 있어요."

그가 다시 물었다.

"그런 삶을 만드는데 월 얼마쯤 필요할 것 같아요?"

"정확하진 않아도 1,000만 원은 필요하지 않을까요? 해외를 돌며 살아야 하니까요."

그러자 그가 말했다.

"저는 제 라이프스타일에 월 500만 원이면 충분하더라고요. 생각보다 많은 돈이 필요하지 않다는 것을 알게 되니까 꿈이 현실적으로 느껴졌어요. 불필요한 데 에너지를 쓰지 않게 됐고, 미래의 나를 위해 집중할 수 있었어요. 그러다 보니 조급함도 사라졌고요. 커밍쏜 님도 원하는 라이프스타일에 필요한 비용을 한번 구체화해 보세요. 분명히 지금 큰 도움이 될 거예요."

늦은 밤, 집에 돌아와 옷도 갈아입지 않은 채 책상에 앉아 계산해 봤다. 과거 유럽 배낭여행 경험을 떠올리며 숙박비, 교통비, 식비, 문화비 등을 계산했다. 이상적인 라이프스타일을 기준으로 넉넉히 잡아도 한 달 생활비는 500만 원 정도였다. 그리고 나는 이미 그 정도 수익은 훌쩍 넘게 벌고 있다는 사실을 깨달았다.

그럼에도 불구하고 왜 이렇게 스트레스를 받으며 더 많은 돈을 벌려 애쓰는 걸까? 답은 의외로 단순했다. '사업이란 성장 아니면 죽음'이라는 생각에 휘둘리고 있었던 것이다. 하지만 1인 기업은 주식회사와 달리 투자자와 주주를 위해 우상향 성장을 유지할 필요가 없다. 억지로 규모를 키울 필요도, 매달 매출을 증명할 의무도 없다. 가장 중요한 것은 내 삶에 맞는 방식으로 성장하는 것이다.

1인 기업에게는 겉으로 보이는 숫자를 높이는 것 말고도 브랜드의 정체성을 세우는 것도 성장임을 깨달았다. 1년 전과 비교하면 '내가 주인공이 되는 시간이 커밍쑨'이라는 메시지를 담은 콘텐츠가 100편 넘게 쌓였다. 디지털 노마드를 준비하며 꿈을 나눈 콘텐츠도 100편이 넘는다.

초기에 서툴렀던 커뮤니티도 안정을 찾아가고 있다. 구성원들은 서로를 도우며 퍼스널 브랜딩을 지속할 수 있는 문화를 만들어가고 있다. 매주 월요일 오전 6시, 퍼스널 브랜딩, 유튜브 운영,

1인 사업과 관련된 경험을 담은 뉴스레터를 발행한다. 그렇게 발행된 뉴스레터는 60개가 넘고, 약 8000명이 구독하고 있다. 출근길, 퇴근길에 뉴스레터를 보고 용기를 얻는다는 답장이 꾸준히 오고 있다.

지금 당장 수익만 보면 정체된 것처럼 보일 수 있다. 하지만 나와 비슷한 사람들이 모이고, 브랜드의 밀도가 높아지며 지속 가능성에 대한 확신은 커지고 있다. 수익의 변화는 늘 눈에 띄게 일어나는 것은 아니다. 줄어들기도 하고, 다시 늘기도 한다. 멀리서 보면 점의 크기가 그대로처럼 보여도, 그 점의 깊이는 점점 깊어지고 있다. 나만의 브랜드가 제안하는 방향성과 라이프스타일이 콘텐츠와 커뮤니티 안에서 짙어지고 있다는 것. 이것 역시 1인 기업이 성장하는 방식 중 하나라는 확신이 들었다.

나는 대단한 기업가나 사업가가 되기보다, 내가 주인공이 되는 라이프스타일을 꿈꾼다. 원하는 시간, 원하는 장소에서 내가 좋아하는 일을 하며 사람들을 돕는 삶이다. 번아웃이 왔을 땐 치앙마이로, 일본으로, 제주도로 떠나며 이 삶을 어쩌다 경험하는 것이 아니라 내 것으로 만들고 싶다는 것을 깨달았다. 내가 원하는 곳에서 눈을 뜨고, 콘텐츠를 만들며 내 일을 하는 삶을 나는 사랑했다. 이 삶을 오래 누리고 싶다는 욕심이 생겼다. 그렇기에 내가 추구하는 것은 크고 지속적인 수익 확장이 아니라, 작지만 지속 가능한 1인 기업이다. 그 핵심은 밀도 있는 브랜딩이다.

물론 돈은 많을수록 좋다. 불안정한 상황에서도 나를 지켜주고 선택지를 넓혀 준다. 하지만 내가 원하는 삶이 명확하다면, 무한한 선택지를 만들 필요는 없다. 딱 내가 원하는 삶을 누릴 만큼만 즐겁게 벌면 된다.

만약 1인 기업으로서 조급하고 불안하다면, 에너지와 시간을 갈아 넣기 전에 먼저 내 꿈의 값을 계산해 보자. 내가 꿈꾸는 라이프스타일을 실현하기 위해 매월 얼마가 필요한지 구체적으로 계산해 보는 것이다.

단순히 건물주가 되겠다는 막연한 목표가 아니라, 정말 내가 살고 싶은 삶을 해상도 높게 그려야 한다. 계산된 월 비용을 30일로 나누고, 다시 하루 단위 수익으로 쪼개 보자. 그렇게 계산해 보면, 생각보다 현실적인 수치라는 것을 확인할 수 있다. 무조건 더 벌어야 한다는 압박도 줄어든다. 멀게만 느껴졌던 꿈이 가까이 있다는 것을 체감하게 되고, 지금 내가 어떤 방향으로 가야 하는지도 더 분명해진다. 그러면 방향성을 지키며 오래 지속할 수 있다.

일곱 번째 격파

1인 기업가로 산다는 것

우리는 왜 스스로를 브랜딩해야 할까?

지치지 않고 계속하려면 무엇이 필요할까?

자유가 독이 되던
시간을 이겨낸 방법

퍼스널 브랜딩 초창기 때 일이다. 1인 브랜드로 일하겠다 결심하고 1주일도 안 되어 내 루틴은 증발하듯 사라졌다. 기상 시간은 부모님 모두 출근하시는 10시 이후였다. 사실 그보다 늦어질 때도 많았다. 아침에 텅 빈 거실에서 소파에 누워 릴스를 보다 보면 한두 시간은 금방 지나 12시가 된다. 냉장고를 뒤적이다가 라면을 끓여 먹으면 13시가 된다. 식곤증에 잠깐 누워 있다 보면 15시, 16시가 되는데 이쯤 되면 인간인 이상 불편한 감정을 느끼게 된다. 그제야 책상에 앉아 보지만 그날따라 책상이 지저분해 보여서 정리를 한다. 하루 절반을 아무것도 하지 않고 날려 버린 허탈감은 저녁까지 이어진다. 어느새 부모님이 퇴근하고 오신다. '부모님도 이렇게 열심히 사시는데 젊은 나는 오늘 하루 뭐 했지?' 죄책감에 밤늦게까지 잠들지 못한다. 이렇게 악순환이 생겨났고, 스스로에게 부끄러운 하루가 반복되었다. '이러다가 정말 인생 망하겠는데?'라는 걱정이 쌓였다.

무너진 루틴을 되찾기 위해 각종 자기계발 서적들을 읽기 시작했다. 유명 유튜버들의 아침 루틴부터 억대 부자들의 하루 루틴 등을 찾아봤다. 일어나자마자 이불 개기부터 창문 열기, 명상하기, 집 청소하기, 10분 동안 눈을 감고 하루에 할 일과 일어날 일을 미리 그리기 같은 것이었다. 속는 셈 치고 하나씩 따라 하기 시작했다.

하지만 변화는 없었다. 일찍 일어나 이불을 개도, 창문을 열고 아침 공기를 마셔도 무기력은 사라지지 않았다. '그냥 뻔한 소리였구나. 역시 잘되는 사람들은 진짜 노하우를 공개하지 않는구나.' 속았다 싶었다.

어느 날 한 콘텐츠가 눈에 들어왔다. 한 유튜버가 새벽 6시에 일어나 한달 동안 매일 새벽 러닝을 하는 영상이었다. 평소였으면 넘겼을 텐데 이상하게 호기심이 생겼다. 한 달 동안 변화하는 모습과 장단점까지 솔직하게 말하는 콘텐츠를 홀린 듯 끝까지 보게 됐다. 이후 알고리즘은 러닝 관련 콘텐츠를 계속 추천했다. 영상들이 공통적으로 말하는 것은 한 가지였다. 달리기로 성취감과 자존감이 올라간다. 이 말에 '어쩌면 이걸로 내 무기력을 극복할 수 있지 않을까' 하는 생각이 생겼다.

다음 날 평소보다 이른 시간 알람이 울렸다. 눈을 뜨자마자 부정적인 생각이 밀려왔다. '오늘은 뭐부터 해야 하지?', '오늘도 그냥저냥 하루가 흘러가면 어쩌지?' 같은 생각들이었다. 그때 문득 떠올랐다. '아, 아침 러닝 하기로 했지?'

간단히 세수하고 운동화를 신으려던 찰나 또 망설였다. '뛴다고 뭐가 달라질까?', '그냥 좀 더 자고 오후에 맨정신으로 시작하는 게 낫지 않을까?' 이상했다. 직장 다닐 때는 아침 시간을 내 삶에 쓰고 싶었는데 막상 시간이 생기자 피곤하다는 생각만 하고 있었다. 갑자기 주어진 자유가 독 같다는 말이 떠올랐다. 그렇게 중얼거리며 러닝 코스가 잘 갖춰진 집 앞 공원으로 천천히 걸어갔다.

내 방 천장에 가려졌던 아침 하늘은 생각보다 파랗고 높았다. 청량함에 기분이 좋아졌다. 내 앞으론 자전거를 타고 출근하는 사람들, 러닝으로 하루를 여는 사람들이 지나갔다. 내가 늦잠 자고 멍하니 있던 시간에 이들은 이렇게 하루를 시작하고 있었구나.

나이키 러닝 앱을 켜고 뛰기 시작했다. "3… 2… 1… 시작!" 러닝 플레이리스트를 들으며 천천히 몸을 움직였다. 괜히 나왔다는 후회는 숨과 함께 빠져나갔고, 땀이 흐르기 시작하자 점점 살아 있다는 생각이 들었다. 즐거웠다.

하지만 직장 다닐 때 운동은커녕 퇴사 후엔 집 밖에 잘 나가지도 않았던 내게 3km는 무리였다. 1km도 못 가 숨이 찼다. 뛰기 싫다는 생각이 가득했다. '이 정도면 됐지, 그냥 돌아갈까?' 계속 그런 생각이 들었다. 그런데 또 스스로에게 지는 느낌이었다. 퇴사 후 쇼츠나 보며 시간을 보내던 내가 떠올랐다. 더는 타협하고 싶지 않았다. 이기고 싶었다. 속도는 걷는 수준까지 떨어졌지만 결국 목표였던 3km 지점을 넘었다. 숨이 차고 어지러웠다. 토할 것 같았다. 턱 밑으로 땀이 흘러내렸다.

첫 러닝 기록은 구간당 7분 후반대로 형편없었다. 하지만 땀에 젖은 채 집으로 돌아오는 길에 뚜렷한 승리감을 느꼈다. 더 자고 싶은 나를 이기고 일어나 뛰었다는 사실 하나로, 내가 조금은 쓸모 있는 사람이 된 것 같았다. 무엇보다 아침마다 날 짓눌렀던 불안과 걱정이 사라졌다. 집에 돌아가면 뭐든 할 수 있을 것 같은 자신감이 생겼다. 사실 이것만으로도 아침 러닝을 계속할 이유는 충분했다.

그때부터 무너졌던 내 생활 패턴은 아침 러닝에 맞춰 바뀌기 시작했다. 트렌드를 리서치한다는 핑계로 밤늦게까지 쇼츠와 릴스를 보던 습관을 끊고 일찍 일어나기로 했다. 아침엔 눈을 뜨자마자 인스타그램이나 유튜브를 켜지 않고 바로 밖으로 나갔다. 처음엔 일주일만 해 보자고 시작한 아침 러닝은 한 달을 넘기고 50일까지 이어졌다. 그리고 뚜렷한 변화를 느꼈다.

첫 번째는 자존감이었다. 50일 넘게 내 의지로 일어나 뛰고, 에너지를 얻는 과정을 반복하며 알게 됐다. 자존감은 동기부여 영상 몇 개 본다고 생기지 않는다는 것이었다. 외부에 흔들리지 않는 자존감은 내가 세운 작은 목표를 하나씩 해냈을 때 쌓이는 성취감에서 나왔다.

두 번째는 체력이었다. 1km도 못 뛰던 내가 이제 3km 정도는 가뿐히 뛸 수 있게 됐다. 말하기 부끄럽지만, 체력이 좋던 20대에도 3km를 쉬지 않고 뛴 적은 없었다. 퇴사 후엔 더 심해졌다. 유튜브, 인스타그램 콘텐츠를 만들려면 절대적인 시간이 필요했지만, 10시간만 넘기면 다음 날에는 몸살로 앓아누웠다. 흡사 유리 몸 같았다. 하지만 50일 넘게 매일 3km 이상을 뛰다 보니 13시간 이상 작업해도 무리가 없을 정도로 체력이 올라갔다. 체력이 받쳐 주자 끈기가 생겼다.

세 번째는 생산성이었다. 아침에 일어나 상쾌한 기분으로 하루를 시작하는 사람이 얼마나 될까. 소속도 수입도 없는 백수 상태라면 더욱 부정적인 에너지에 사로잡히기 쉽다. 그런데 50일간 아침 러닝을 하며 알게 된 것은 러닝이 뇌 운동이라는 점이었다. 10분만 뛰어도 숨이 차고 땀이 나고 다리가 무거워진다. 그만두고 싶다는 생각과 조금만 더 해 보자는 생각이 맞붙는다. 온전히 러닝에 집중하는 그 순간, 불안이나 콘텐츠에 대한 걱정이 끊어진다. 마치 컴퓨터 디스크 조각 모음처럼 머릿속이 정리된다. 꼬인 생각을 정리한 상태에서 작업을 시작하면 새로운 시각으로 콘텐츠를 구상하게 되고 작업 효율도 높아졌다. 그렇게 얻은 에너지는 콘텐츠 제작에 온전히 쏟아부었다.

불안은 1인 사업가라면 누구나 느끼는 기본값이다. 어떤 계획을 세워두었든 현실은 뿌옇고 불확실하다. 이럴 때 가장 중요한 것은 동기부여나 근거 없는 위로가 아니라 작은 목표를 달성하면서 자존감을 지켜내는 것이다. 자존감을 지키려면 계획대로 움직일 수 있게 하는 체력과 추진력이 필요하다.

만약 지금 무기력하게 하루를 보내고 있다면 나에게 맞는 루틴을 찾아보자. 내 리듬을 찾고 페이스를 지켜야 비로소 여유가 생기고, 원하는 방향으로 나아갈 수 있다.

네트워킹이라는 말에
숨겨진 함정

대기업에 입사한 후 유독 부러운 사람들이 있었다. 바로 인맥이 넓은 동기들이었다. 같은 회사에 몸담고 있어도 인맥의 수준이 달랐다. 스타트업 대표가 친구인 동기, 유명 패션 브랜드 대표가 친한 형인 동기도 있었다. 반면 내 주위는 대부분 평범한 직장인이었다. 내가 평범했으니 당연한 일이다. 그래서 잡담 중 인맥 이야기가 나오면 자연스럽게 위축됐다.

인맥에 대한 결핍은 집착으로 이어졌다. 회사 내 핵심 부서 선배, 다른 대기업에 다니는 선배의 친구처럼 우연이라도 그런 자리에 참석할 기회가 생기면 다른 스케줄을 취소하고서라도 나갔다.

그렇게 술자리를 함께하며 가볍게 대화를 나눈 사람들의 번호를 하나씩 저장했다. 화려한 사람들의 연락처가 늘어 갈수록 '아, 드디어 나도 인맥이 쌓이고 있구나.' 하는 안도감이 들었다.

퇴사 후 알게 된 한 가지가 있었다. 대기업 유튜브 담당자라는 명함을 내려놓는 순간, 돈과 시간, 에너지를 들여 힘들게 쌓아온 네트워킹은 아무 의미도 없었다. **인맥에 집착했던 서른 살 직장인은 퇴사 후 철저히 혼자가 되었다.** 그제야 내가 줄 수 있는 게 없을 때 그들은 아무 관심도 없다는 것을 알게 되었다.

소속이 사라지고 백수가 되니 대외적으로 무가치한 사람처럼 보였지만, 내게 남은 한 가지는 유튜브를 키워 본 경험이었다. 취준생 시절 무작정 개인 채널을 키우고 대기업에서 브랜딩을 한 경험은 퇴사 후에도 남아 있었다. 소속은 잃을 수 있지만, 내가 쌓은 경험은 누구도 가져갈 수 없었다. 그걸로 결과를 내고 내 가치를 증명해야겠다고 생각했다.

이후 유튜브와 인스타그램에서 퍼스널 브랜딩 관련 콘텐츠를 쌓아 팔로워가 생겨났다. '내 인생의 주인공이 될 수 있다'는 내 메시지에 공감한 1인 사업가, 크리에이터, 프리랜서, 직장인들이 생겨났다. 다양한 사람과 커피챗을 나누고 협업 제안을 받기 시작했다.

"혹시 저희 센터에서 강연 가능하실까요?"

"커밍쏜 님 메시지에 너무 공감하는데 커피챗 한번 하실래요?"

"나다운 브랜딩과 관련된 프로젝트 기획 중인데 같이 협업하실래요?"

퇴사 후 사라진 인맥의 빈자리가 새로운 인맥으로 채워졌다. 유튜브에서 퍼스널 브랜딩을 시작하려는 1인 기업, 인스타그램이나 블로그 기반 크리에이터들과 자연스럽게 연결되었다. 예전에는 내가 시간을 들여 먼저 다가갔다면, 지금은 먼저 연락을 받게 되었다. 과거의 나였다면 잘나가는 사람들과 관계를 맺기 위해 애썼을 것이다. 하지만 내가 충분한 가치가 없으면, 인맥이라 여겼던 사람들도 나를 인맥으로 보지 않는다. 그래서 인맥보다 내 실력을 높이는 데 집중했다.

물론 네트워킹은 중요하다. 사람마다 맺고 있는 관계의 범위는 다르고, 그 안에는 수많은 기회가 숨어 있을 수 있다. 하지만 진짜 네트워킹은 내가 그들을 도울 수 있는 실력을 갖췄을 때 생긴다. 실력이 부족한 상태에서 인맥을 찾아다니는 것은 결국 시간 낭비에 불과하다.

특히 퇴사 후 1인 사업을 하거나 크리에이터로 콘텐츠를 만들다 보면 '네트워킹'이라는 말에 혹하기 쉽다. 혼자가 된 불안감 때문에 누군가와 연결되면 지금보다 더 좋은 기회가 찾아올 것 같다. 하지만 이 한 가지는 꼭 기억하자. 지금 집중해야 할 것은 갑자기 큰 기회나 일을 줄 지인이 아니라 내 실력이다. 지금은 SNS를 통해 내 가치를 나누면, 그에 공감한 사람이 모이고 기회가 생기는 시대다. 실력을 키우고, 그 과정에서 얻은 인사이트를 꾸준히 콘텐츠로 공유해 보자. 그러면 내 가치가 더 많은 사람에게 전달되고, 자연스럽게 새로운 인맥도 생겨난다.

우리에게 인맥이 정말 필요할 때

예전에 '주변 5명의 평균이 나다'라는 말을 들은 적 있다. 직장생활을 하면서 문득 내 주변을 찬찬히 돌아봤다. 정말 놀랍게도 나와 비슷한 5명이 있었다. 출근하면 일하기 싫다는 카톡부터 보내고, 업무 시간 내내 상사 욕만 하며, 미래에 대한 고민에 압도되어 무기력했다. 직장생활이 회의적으로 느껴질수록 나와 비슷한 고민을 반복하는 사람들 사이에 있다는 사실이 답답했다.

퇴사 후 유튜브와 인스타그램에 퇴사, 퍼스널 브랜딩에 관한 콘텐츠를 꾸준히 올렸다. 그 과정에서 가장 크게 얻은 자산은 환경이었다. 회의적인 분위기 대신, 새로운 것을 먼저 시도하고 배운 것을 나누며 피드백을 주고받는 사람들로 주변이 채워졌다.

제일 먼저 달라진 것은, 사람들이 내 이야기에 반응하는 방식이었다. 이전에는 지인들에게 지금의 고민이나 목표를 이야기하면 시큰둥한 반응이 돌아오곤 했다.

"에이, 그래도 넌 상사가 없잖아."

"구독자 수 1만 명이면 얼마 벌어? 퇴사한 거 솔직히 후회는 안 해?"

"퍼스널 브랜딩? 나중에 네가 잘 해 보고 알려줘. 술이나 한잔 하자."

하지만 같은 길을 만들어 가는 사람들은 달랐다. 내가 겪고 있는 브랜딩, 1인 사업과 관련한 고민을 이미 경험했거나 해결해 본 적이 있었고, 기꺼이 조언을 아끼지 않았다.

"저도 침체기를 겪을 때가 있었는데, 그땐 콘텐츠 발행 횟수를 줄이고 분석에 집중했어요."

"이미 콘텐츠에서 인사이트를 공유하셨으니, 전자책 마케팅은 이런 방식으로 해 보는 게 좋을 것 같아요."

그들의 말 덕분에, 혼자 고민할 땐 떠오르지 않던 전혀 다른 시각과 접근 방식을 얻을 수 있었다.

솔직히 말하면, 아무리 목표를 구체적으로 세우고 매일 확인을 반복해도 내가 직접 경험해 보지 않았다면 불안감은 사라지지 않는다. 적어도 나는 그랬다. 그런데 주변에서 듣는 말이 달라지자 이 불안도 조금씩 줄어들기 시작했다.

매월 1,000만 원 이상을 벌고 있는 크리에이터와 1인 사업가들을 정기적으로 만나며, 그들의 과정과 고민, 목표를 꾸준히 들을 수 있었다. 나에게는 그 이야기가 불안감을 잠재우는 안정제였고, 열정을 유지하게 만드는 장작과도 같았다. '내가 할 수 있을까?'라는 생각이 '나도 할 수 있겠다'로 바뀌었다.

그들도 나와 같은 사람이었고, 비슷한 고민을 겪었다. 나와 비슷한 시기를 지나왔고, 성과 없이 낙담했던 시간도 있었다. 그걸 보며 내가 스스로 정했던 한계가 깨지기 시작했다. 생각이 달라지니 그다음엔 말이 달라졌다.

"아, 그거? 당연히 되지. 1년 안에 되게 만들 거야."

"나 진짜 3년 후엔 이탈리아 포지타노에서 디지털 노마드 시작할 거야. 지켜봐."

내가 어떤 말을 하느냐는 내 사고방식에 큰 영향을 준다. 이 사실이 나를 크게 바꿔 놓았다. 유튜브에서 정체기를 겪을 때도, 수익 파이프라인을 어떻게 만들어야 할지 몰라 방황할 때도 "할 수 있다"는 말을 반복했다. 그러다 보니 행동까지 자연스럽게 달라지기 시작했다. 예전엔 새로운 일을 시작하기 전에 '안 되면 어떡하지'부터 걱정했던 내가 조금씩 변해 갔다.

'망설일 바에는 먼저 저지르고 수습해 보자.'

'미래의 내가 실패할 바엔 지금 실패하며 경험치를 쌓자.'

이런 마인드는 유튜브 정체기를 돌파할 때 가장 큰 도움이 되었다. 줄곧 망설이며 미뤄 왔던 새로운 인터뷰 포맷을 테스트했다. 지속성이 고민되어 시작하지 못했던 커뮤니티도 실행에 옮겼고, 그 안에서 챌린지를 운영하며 새로운 수익 파이프라인을 만들었다. 말이 바뀌자 행동이 달라졌고, 그 행동은 내가 원하는 방향으로 빠르게 결과를 쌓아 갔다. 유튜브와 인스타그램에서 퍼스널 브랜딩 사례로 '커밍쏜'이 언급되기 시작했다. 퇴사 후 매일 써 왔던 목표 중 하나였던 '300명 앞에서 강연하기'는 비록 숫자에 완전히 도달하진 못했지만 2023년 11월, 200명 규모의 강연으로 실현되었다. 대기업은 물론, SK텔레콤의 메타버스 플랫폼과의 협업까지 이어지며 다양한 성과를 만들어냈다.

물론 지금 실력이 부족하거나 브랜딩이 안 되어 있다고 느끼면, 이런 환경을 바꾸는 게 어렵게 느껴질 수 있다. 나도 그랬다. 하지만 그렇게 생각하며 계속 핑계를 댄다면 아무것도 바뀌지 않는다. 지금 부정적인 생각이 반복되고, 결과가 보이지 않아 스스로를 의심하게 된다면, 그럴수록 순서를 바꿔 환경을 먼저 바꿔 보자.

가장 먼저, 쉽게 바꿀 수 있는 온라인 환경부터 점검해 보자. 매일 반복해서 보던 자극적인 콘텐츠 대신, 롤 모델들의 콘텐츠와 책을 보며 인풋을 바꿔 보는 것이다. 직장인 시절, 지옥처럼 느껴졌던 출근길에 부정적인 생각에서 벗어나기 위해 눈을 감고 그들의 영상을 라디오처럼 무한 반복해 들었다. 그러자 갇혀 있던 생각의 틀이 깨지고 더욱 성장하고 싶다는 욕심이 생겼다.

다음으로는 내가 되고 싶은 사람들이 모여 있는 강연, 네트워킹, 커뮤니티 모임 등에 참여해 보자. 과감히 투자하고, 그 안에서 얻은 에너지와 인사이트를 내 성장에 다시 투입해 보자. 그러다 보면 자연스럽게 직장, 학교 친구들이 아닌 공통된 목표를 갖는 사람들과 연결고리가 생긴다.

마지막으로, 새롭게 연결된 사람들과 따로 만나거나 하나의 모임을 만들어 보자. 그렇게 환경이 바뀌면 만나는 사람이 바뀌고, 듣는 말이 바뀌고, 내가 말하는 내용과 생각, 행동까지 모두 달라지기 시작한다.

인간은 환경의 동물이다. 지금 내 주변 5명이 누구인지 살펴보자. 만약 내가 살고 싶은 라이프스타일을 만들어 가는 사람이 아니라면, 과감하게 환경을 바꿔 보자. 내가 살고 싶은 라이프스타일을 만들어 가고 있는 사람들이 모여 있는 환경은 내 꿈을 현실로 만들어 준다.

비교를 내려놓으니 성장이 찾아왔다

1년 가까이 매일 콘텐츠를 기획하고 편집하며 시간을 보낼 때였다. 매달 유튜브 브랜딩 그룹 컨설팅을 모집했고, 커뮤니티 운영과 챌린지도 병행했다. 직장인 때보다 더 많은 수익을 벌고 있었고 채널도 꾸준히 성장하고 있었으며 수강생들도 성과를 내고 있었다.

일상이 반복되자, 작업은 점점 무미건조해졌고 컨설팅도 부담으로 느껴지기 시작했다. 아침마다 이유 없는 피로가 먼저 몰려왔다. 영화를 보거나 소파에 누워도 기분 전환은 잠깐뿐이었다. 곧 무기력함이 되돌아왔다. 겉으론 문제없어 보였지만, 정작 가장 큰 문제는 원인을 알 수 없다는 것이었다.

어느 날, 소파에 누워 유튜브를 보던 중 하나의 콘텐츠가 눈에 들어왔다. '디지털 노마드의 성지, 치앙마이.' 순간 두 단어에서 설렘이 느껴졌다. 디지털 노마드는 퇴사 당시 반드시 실현하고 싶었던 목표였다. 하지만 '지금은 증명해야 해', '여행 갈 시간에 작업을 해야지' 같은 생각으로 묻어 두었던 꿈이었다. 배낭여행자와 디지털 노마드의 천국이라 불리는 치앙마이에서 크리에이터가 자유롭게 여행하며 개방된 카페에서 작업하는 모습을 보자, 그 풍경 속에 있는 내 모습이 그려졌다. 무뎌졌던 마음이 다시 뛰기 시작했다. 결심이 서자 마음이 바뀌기 전에 충동적으로 치앙마이행 항공권을 끊었다. 숙소 하나만 예약하고 혼자 떠났다. 어딘가 그곳에 가면 내가 불안했던 이유를 알 수 있을 것 같았다.

8시간 비행 끝에 도착한 치앙마이는 낯선 언어, 냄새, 사람들로 가득했다. 익숙함으로 채워졌던 일상이 새로움으로 바뀌기 시작했다. 인스타그램 스토리에 도착 소식을 올렸고, 무계획으로 왔기에 사람들에게 추천을 받아 가며 여기저기 돌아다녔다.

오토바이를 한 번도 타 본 적 없던 내가, 금세 오토바이를 운전하는 데 익숙해졌다. 점심마다 차가운 창 맥주로 더위를 식혔다. 모두가 일하고 있을 오후 4시, 노상 매점에서 혼자 마시는 맥주만큼 행복한 것도 드물었다. 밤이 되면 150바트짜리 타이 마사지를 받으며 피로를 풀었다. 오직 여행에서만 느낄 수 있는 자유를 충분히 누렸다.

하지만 정작 내가 이곳에 온 이유였던 번아웃의 원인은 여전히 알 수 없었다. 낯선 환경에서 느낀 설렘은 오래가지 않았고, 외로움과 함께 복잡한 생각들이 서서히 밀려왔다. 그때부터 관광지에서 맥주를 즐기기보다는, 한적한 카페를 찾아다니며 새로 산 수첩을 채우기 시작했다. 눈에 보이는 풍경을 간단히 그려 보거나 머릿속에 떠오르는 생각들을 적어 나갔다. 하지만 수첩을 다 채울 만큼 쏟아냈음에도 머리가 가벼워지는 느낌은 받았지만 번아웃의 원인을 명확히 찾을 수는 없었다.

열흘 정도가 지나고, 예정된 브랜딩 강연 때문에 한국으로 돌아와야 하는 마지막 밤이 되었다. 숙소 로비에서 수첩을 펼쳐 여행 동안 적어 둔 기록들을 다시 읽어 봤다. 어설프게 그린 그림과 짧은 메모들이 눈에 들어왔다. 그중 유독 반복되는 단어와 표현이 있었다. 스스로에 대한 의심, 내가 쏟아온 시간과 노력에 대한 물음표였다. 그제야 이유를 알 수 있었다. 번아웃이 온 원인은 '다른 사람과의 비교'였다.

나와 비슷한 시기에 브랜딩을 시작한 동료 중엔 비즈니스를 빠르게 확장해 나가는 이들이 있었다. 나는 유튜브 콘텐츠에 집중하며 실력을 증명하는 데 몰두했지만, 어떤 동료는 월 1억 수익을 달성했고, 또 어떤 이는 100명 규모의 와인 파티를 성공적으로 기획하며 커뮤니티 비즈니스에서 성과를 내고 있었다.

당시 나는 콘텐츠와 브랜딩에 올인하고 있었지만 외형적인 확장도, 내세울 성과도 없었다. 수익이나 커뮤니티 규모에 대한 이야기가 나올 때면 말할 수 있는 게 없었다. 그러자 퇴사 후 1년 동안 쌓아 온 시간과 노력이 초라하게 느껴지기 시작했다. 내가 나 자신을 믿지 못하자 주변 시선을 더욱 의식하게 됐다. 예전 같았으면 주저 없이 나섰을 상황에도 망설이게 됐다.

'새로운 커뮤니티를 시작했다가 반응 없으면 비웃지 않을까?'

'상품을 출시했는데 반응이 없으면 더 비교되지 않을까?'

비교에서 시작된 번아웃은 내 자존감을 천천히 무너뜨리고 있었다. 그걸 자각한 순간, 지금 내가 해야 할 일이 분명해졌다. 나에 대한 확신을 되찾는 일이었다.

1년간 내가 해온 일들을 하나씩 적어 보기 시작했다. 먼저 숫자를 적었다. 1년간 약 500개의 콘텐츠, 상승 곡선을 그리는 구독자와 팔로워 수에서 내가 원했던 성장이 이루어지고 있었다. 다음으로 숫자 안에서 의미를 찾아봤다. 업로드한 콘텐츠를 날짜순으로 정렬해 하나씩 다시 보기 시작했다. 퇴사 직후 수익이 끊겨 아메리카노 가격조차 부담스럽다고 말했던 영상부터, 첫 강연과 첫 수익이 발생한 순간까지 브랜딩 과정을 따라가다 보니 하나하나가

또렷이 보였다. 각 콘텐츠의 댓글을 읽으며, 내 이야기를 보고 용기를 얻었다는 분들의 에너지도 느낄 수 있었다.

1년 동안 쌓아 온 서사가 선명해졌다. 매주 7~8개씩 올린 콘텐츠들이 내 성장을 이끌었고, 그 흐름이 모여 커밍쏜이라는 브랜드의 자산이 되고 있었다. 마지막으로, 번아웃이 온 상황에서도 치앙마이에서 콘텐츠를 기획하고 촬영하고 편집한 흔적들이 휴대폰 속 사진과 영상으로 남아 있었다. 제삼자의 시선으로 본 나는, 여전히 나를 브랜딩하기 위해 치열하게 고민하고 노력하고 있었다.

그제야 알게 됐다. 나는 이미 충분히 멋지게, 나만의 길을 만들어 가고 있었다. 다른 동료들이 더 빠르게 수익을 내고 커뮤니티를 확장해 간다고 해서, 그걸 하지 않은 내가 잘못된 것이 아니었다. 우리 모두는 각자의 속도와 방식으로, 각자의 정답을 향해 나아가고 있었다. 그들이 잘된다고 해서 내가 부족한 것도, 내가 잘된다고 해서 그들이 틀린 것도 아니었다.

'그들과 나는 다르다'는 사실을 받아들이자 생각이 정리되기 시작했다. 비교해야 할 대상은 결국 다른 사람이 아니라 나 자신이었다.

나도 모르게 무의식적으로 하고 있던 수많은 비교에서 벗어나 마음이 점점 가벼워졌다. 내 선택에 확신이 생기자, 그동안 미뤄 온 프로젝트들을 이제는 저질러 봐야겠다는 생각이 들었다. 한국에 돌아와 200명을 대상으로 브랜딩 강연을 성공적으로 진행했다. 이전엔 거절이 두려워 망설였던 수십만 구독자를 가진 크리에이터들에게 직접 연락해, 유튜브 기반 비즈니스 인사이트를 함께 나누는 멤버십도 만들었다. 그렇게 그동안 미뤘던 일들을 해내자, 나를 짓눌렀던 무기력도 사라지기 시작했다. 나는 다시 달릴 동력을 얻었다.

물론 갑자기 두려움과 무기력이 100% 사라졌다면 거짓말이다. 하지만 번아웃은 내가 나를 믿지 못하고 작은 '컴포트 존' 안에만 머물 때 찾아온다는 것을 알게 됐다. 즉, 무기력은 성장이 멈췄을 때 찾아오게 된다. 내가 멈추니 시선이 외부를 향하고 결국 다른 사람과 비교하며 작아지는 악순환을 만들게 된다.

만약 갑자기 무기력해지고, 다른 사람과 비교로 아무것도 할 수 없는 상태라면 한 가지를 기억하자. 번아웃은 진심으로 열정을 불태운 사람만이 느껴 볼 수 있는 증표다. 불태웠다는 것은 어떤 일에 깊이 몰입했고, 그만큼 시간과 에너지를 쏟았다는 뜻이다. 그 과정 자체가 이미 충분히 의미 있고 멋진 일이다. 그게 누구나 할 수 있는 작은 일처럼 느껴져 확신이 서지 않는다면 잠시 여유를 갖고 내가 해 온 것들에 대해 거리를 두고 바라보자. 중요한 건, 그 일을 해내기 전과 후에 어떤 변화가 있었는지 사소한 것 하나하나를 온전히 느껴 보는 것이다. 그리고 그것이 내게 어떤 의미였는지 곱씹어 본다면 생각보다 많은 것을 해냈고 그 과정에서 예상보다 더 많이 성장했음을 발견하게 될 것이다. 그리고 내가 쏟은 시간과 에너지의 가치를 스스로 인정할 때, 더 멀리 나아갈 수 있는 힘이 생긴다.

 잊지 말자. 내가 나를 믿지 않으면 온 세상이 적이 되지만, 나 자신을 믿기 시작하면 온 세상이 내 편이 된다.

단 1명을 감동시키면 생기는 일

커밍쏜 채널을 처음 운영할 때는 내 채널을 증명해야 한다는 강박이 있었다. 퇴사 후 내가 잘하고 있다는 것을 가족과 지인에게 보여 줘야 한다는 압박이었다. 그러다 보니 조회수, 구독자 수, 진행하는 프로젝트 규모, 참여 인원, 수익까지 숫자에 집착하게 됐다. 어느 달은 개인 작업을 제외하고도 진행 중인 프로젝트만 다섯 가지가 될 정도였다. 프로젝트별 규모는 커졌지만, 집중력은 흐려졌고 여유가 사라졌다. 함께하는 분들에게 쏟을 에너지가 부족해졌고, 그로 인한 부담감이 커지는 악순환이 생겼다. 여기서 멈출 수 없었다. 더 많은 사람에게 영향을 미치고, 큰 성과를 만들어 내는 것만이 내 가치를 증명할 수 있다고 믿었다.

그러다 내 사고방식을 뒤흔든 문장을 만났다. 팻 플린의 《슈퍼팬》에는 이런 문장이 있다. "당신의 일을 성공시키기 위해 온 세상을 바꿀 필요는 없다. 단지 누군가의 세상을 바꾸기만 하면 된다." 수천 명, 수만 명을 바꾸겠다는 목표를 세우기 전, 단 한 명에게 집중해야 한다는 말이었다. 처음엔 이 말이 비현실적으로 느껴졌다. 하지만 유튜브 브랜딩 그룹 PT 종료 후 한 분이 이렇게 말했다.

"커밍쏜 님 아니었으면 전 아직도 혼자서 고민하다가 결국 아무것도 못 했을 것 같아요. 이제 확신 있게 저만의 브랜딩을 해 나갈 수 있을 것 같아요. 감사합니다."

그 한마디가 유독 오래 남았다. 그리고 놀랍게도, 그분이 블로그에 올린 자발적인 추천으로 많은 분이 PT를 신청하게 되었다. 그때 처음으로 숫자의 크기가 아니라 감동이 전파되는 구조야말로 1인 브랜드의 진짜 성장 공식이라는 것을 체험하게 됐다. 사이드 프로젝트로 진행하던 러닝 챌린지, 자기계발 챌린지, 퍼스널 브랜딩 챌린지를 멈췄다. 그룹 PT 인원도 10명에서 4명 이하로 줄이고, 그만큼 확보된 시간과 에너지는 참여자들을 위해 더 깊게 쓰기로 했다.

사실 대부분 컨설팅에서는 1:1 횟수와 시간이 정해져 있고, 그 이상 진행하는 것은 형평성 때문에 어려웠다. 비즈니스 관점에서 보면 당연한 선택이다. 하지만 나는 컨설팅을 했다는 결과보다, 그로 인해 실질적인 변화가 생기기를 원했다. 브랜드 기획부터 콘텐츠 기획까지, 수강생들 머릿속에 물음표가 사라질 때까지 함께 완성해 내는 게 내 기준이었다. 그래서 정해진 컨설팅 시간을 넘기고, 커리큘럼에 없던 내용도 함께 고민했고, 종료 후에도 고민이 있어 보이는 분들에겐 따로 연락해 조언을 건넸다. 그러자 실제로 많은 분이 "이렇게까지 같이 고민하고 끝까지 함께할지 몰랐다. 감사하다."처럼 진정성 있는 후기를 남겨 줬다.

누군가 왜 그렇게까지 하느냐고 물었다. 사람을 더 많이 받으면 돈을 더 벌 수 있지 않냐고. 심지어 "너 큰돈 벌긴 글렀다"는 말도 들었다. 나는 지금 당장 빠르게 가기보다 오래 함께 갈 수 있는 사람을 만들고 싶었다. 적어도 지금은 수익을 늘리는 데에 집중할 때가 아니라, 감동한 소수를 만들고 실제로 변화하는 사람을 돕는 데 집중해야 할 때라 믿었다.

그러자 유튜브로 새로운 삶을 만들어 가는 수강생이 하나씩 나타나기 시작했다. 구독자 5만 명을 달성한 사람, 첫 수익화로 첫 달에 20만 원 순수익을 만든 사람, 다양한 파이프라인을 만들어 월급 이상 수익을 올린 사람도 생겨났다. 그들은 자발적으로 내 콘텐츠를 추천하며 컨설팅과 클래스를 알렸다.

실제로 유튜브 브랜딩 그룹 PT 신청자의 37%가 지인 추천으로 들어왔다. 신청 이유란에 '친구가 무조건 커밍쏜 님에게 배우라 해서 믿고 신청합니다'라고 남긴 사람들도 있었다. 내 콘텐츠를 한 번도 본 적 없는 사람들도 있었지만, 그들이 나를 선택한 이유는 신뢰하는 지인의 강력한 추천이었다. 게다가 감동한 팬은 다른 상품과 서비스의 재구매로도 이어진다. '퍼스널메이커스' 커뮤니티에서 진행되는 챌린지와 오프라인 세미나에 반복 참여하는 분들이 늘었고, 구성원 간 친분과 네트워크가 형성될 정도였다.

과거에는 프로그램 모집에 고민이 따랐다. 정원이 다 찰까 걱정도 했다. 그런데 지금은 오픈 전에 마감되는 일이 반복되고 있다. 나는 다수가 아닌 소수에 집중했고, 그들이 실제로 변화하고 감동할 수 있도록 도왔을 뿐이다.

대부분이 간과하는 한 가지가 있다. 바로 내게 감동한 한 사람의 주변에 누가 있는지다. 그 사람 주변엔 비슷한 고민을 가진 10명, 20명이 있다. 감동은 그렇게 퍼져 간다. 처음엔 느리고 비효율적으로 보여도 점차 파동은 커지고, 결국 파도가 된다. 그 파도는 수많은 경쟁 브랜드를 밀어내고 나여야만 하는 이유를 만든다. 수많은 상품과 서비스 속에서 감동은 반짝반짝 빛난다. 신뢰로 연결되고 결국 선택의 이유가 된다.

작은 브랜드가 살아남는 길은 숫자의 크기가 아니라 관계의 밀도에 있다. 내가 100만 원짜리 상품을 판매한다고 가정해 보자.

고관여 제품일수록 '광고 → 웨비나 → 저가 상품 제안 → 고가 상품 제안' 같은 복잡한 퍼널funnel 구조가 필요하다. 하지만 지인의 추천으로 접한 제품은 다르다. 신뢰가 이미 형성돼 있기 때문에 복잡한 과정을 거치지 않아도 바로 구매로 이어진다.

고가의 상품도 지인의 추천이 들어가면 구매 전환율이 압도적으로 높아진다. 하물며 콘텐츠 기반 1인 비즈니스에서 가장 강력한 마케팅은 결국 '진심을 경험한 한 사람'이 아닐 수가 없다.

한 번은 구독자와 함께 성장하고 싶어 30일 러닝, 독서, 콘텐츠 업로드 챌린지를 진행한 적이 있다. 우수 참여자 4명과 치맥 밋업을 했다. 그중 한 분은 수익화를 앞두고 불안을 느끼던 크리에이터였다. 내 경험을 바탕으로 조언했다.

"웨비나를 열어 보세요. 단 한 명이 참석해도 괜찮아요. 한 명은 너무 적은 것처럼 보일 수 있지만 그 사람은 다른 사람들과 연결돼 있고, 그 웨비나에서 감동했다면 자발적으로 당신을 퍼트릴 거예요. 저를 믿고 숫자에 집착하지 마세요."

며칠 후 그는 그대로 실천했고, 무료였음에도 유료 강의 수준의 내용을 공유해 소수를 감동시켰다. 그렇게 첫 수익화에 성공했고, 1년이 지난 지금은 다양한 파이프라인으로 안정적인 수익을 얻고 있다.

다른 사례도 있다. 헤이디 님은 PPT 기획과 디자인을 알려주는 소수 챌린지를 운영하고 있다. 마침 참여자 중 기업 관계자가 있었고 진정성 있는 프로그램에 감동했다. 그 한 명을 통해 강연과 기업 PPT 외주 제안 등 여러 기회가 이어졌다. 그리고 그렇게 만들어진 포트폴리오는 헤이다라는 브랜드의 다른 파이프라인들로 연결되고 있다. 감동한 한 명으로부터 수많은 기회가 생겨난 셈이다.

사람들은 언제 감동할까? 기대했던 것보다 훨씬 더 진심 어린 경험을 했을 때다. 감동은 자발적 홍보로 이어진다. 작은 브랜드가 대기업을 따라가며 규모를 키우는 것에는 한계가 있다. 작은 브랜드가 이길 수 있는 방법은 작은 브랜드만의 강점, 관계적 밀도를 활용하는 것이다. 관계적 밀도는 결국 '휴먼 터치'에서 나온다. 고객이 감동하는 것은 얼마나 효율적이었느냐가 아니라 얼마나 진심 어린 접점을 경험했느냐다. 내가 좋아하는 가게 사장이 내 취향을 기억해 메뉴를 추천해 주는 것, 좋아하는 크리에이터가 나를 기억하고 진심을 보여 주는 것처럼 말이다.

도미노 이론이라는 것이 있다. 작은 도미노 하나는 자기보다 1.5배 큰 도미노를 쓰러뜨릴 수 있다. 이 과정을 반복하면 13번째 도미노는 1미터 높이에 도달하고, 29번째에는 에펠탑 높이까지 가능하다. 나는 이 원리를 '진심의 도미노 법칙'이라 부르고 싶다. 한 명이 감동하면, 그 한 명이 가장 강력한 추천자가 되고, 그 감동은 또 다른 감동으로 이어진다. 처음부터 수천 명을 감동시키려 애쓸 필요는 없다. 현실직으로 불가능하다. 하지만 한 사람에게 확실한 감동을 주고 변화를 만드는 것은 가능하다. 1인 비즈니스는 언제나 단 한 명에서 시작된다. 그리고 그 하나가 전부를 바꾼다.

혼자서도 충분히
살아남을 수 있는 시대

놀라울 정도로 세상이 바뀌고 있다는 것을 느낀다. 그중에서도 가장 크게 다가오는 것은 1인 기업이 많아졌다는 점이다. 점점 더 많은 사람이 회사를 벗어나 각자의 방식대로 살아보려는 선택을 하고 있다. 예전에는 회사를 다니는 것이 안정적인 삶의 상징이었다. 재무팀, 회계팀, 마케팅팀처럼 역할이 뚜렷했고, 혼자서는 할 수 없는 일들을 여럿이 함께 해냈다. 조직에 있어야 생산성이 높아졌고, 그 생산성을 바탕으로 성장하고 이익을 공유할 수 있었다. 혼자서 처리할 수 있는 일의 범위가 제한적이던 과거에는 조직에 속하는 것이 생존을 위한 안전한 선택이었다.

하지만 지금은 다르다. 개인의 생산성이 과거와는 비교할 수 없을 정도로 커졌다. 과거 법무팀이 하던 계약서 검토는 이제 인공지능이 대신하고, 클릭 한 번이면 불리한 조항을 감지하고 개선 방향까지 제안해 준다. 실제로 나도 협업 전 계약서를 인공지능이 먼저 점검했고, 자문 비용을 줄이고 원활하게 계약을 체결할 수 있었다. 예전에는 여러 팀원이 모여야 했던 프로젝트 기획도 인공지능과의 대화를 통해 더 빠르고 명확하게 방향성과 아이디어를 도출할 수 있게 됐다.

1인 기업을 시작할 때 가장 힘든 건, 회사와 달리 모르는 분야에 대해 바로 조언을 구할 수 있는 선배나 동료가 없다는 점이다. 나 역시 이 부분이 가장 어려웠다. 하지만 지금은 인공지능이 동료이자 선배, 조력자가 된다. 결정을 내리기 전 참고할 수 있는 근거를 쉽고 빠르게 얻을 수 있다. 덕분에 더 빠르게 판단하고 결정할 수 있다. 1인 기업은 콘텐츠 하나로 마케팅, 브랜딩, 세일즈가 가능해졌다. 수천만 원을 들여 TV 광고를 하는 것보다 유튜브에 콘텐츠를 올려서 더 큰 효과를 보는 사례들이 많다. 팬덤 형성을 위한 브랜드 캠페인 대신 일관된 메시지로 콘텐츠를 쌓으며 서사를 만들고 단단한 팬덤을 형성한다. 콘텐츠 하나로 상품과 서비스를 자연스럽게 소개하고, 신뢰를 쌓아 구매로 이어지게 만든다. 콘텐츠는 고객과 나를 연결하고, 내 전문성을 수천 명에게 전달하며,

시간이 지나며 누적되어 나만의 자산이 된다.

1인 기업을 시작할 때 가장 큰 진입 장벽은 인프라다. 그러나 회사에서 이용하던 인프라를 대신해 주는 1인 기업 지원 플랫폼들이 생겨났다. 결제, 판매, 외주, 팬덤 소통 등 다양한 플랫폼을 통해 일정 수수료만 지급하면 단 하루 만에 온라인 비즈니스를 시작할 수 있게 됐다. 1인 기업을 위한 공유 오피스도 많다. 1인 기업이 많아지면서, 어딘가에 소속되지 않으면서도 필요할 때 연결되어 협력하는 '느슨한 연대'가 형성되고 있다. 과거에도 프리랜서 간 협업은 존재했지만, 지금은 SNS와 퍼스널 브랜딩 덕분에 훨씬 다채롭고 풍부해졌다. 조직에 속하지 않아도 서로 얽매이지 않으면서 협업할 수 있는 방식이 늘어나고 강력해지고 있다.

이처럼 많은 개인들이 등장한 만큼, 그 안에서 '내가 누구인지'를 명확히 인식시키는 힘이 점점 더 중요해지고 있다. 내가 어떤 사람인지, 어떤 문제를 해결할 수 있는지, 한눈에 기억되게 하는 힘, 그게 퍼스널 브랜딩이다. 퍼스널 브랜딩은 단순한 포장이 아니다. '나를 어떤 사람으로 인식하게 만들 것인가'에 대한 기준이며 선택이다. 이 기준이 명확할수록 일관성이 생기고, 사람들은 나를 더 쉽게 신뢰하며 내가 해결할 수 있는 문제에 주목하게 된다. SNS를 통해 브랜딩을 할수록, 내가 직접 설명하지 않아도 콘텐츠를 본 누군가가 먼저 연락을 주고 함께하자고 제안하는 일이 많아진다. 결국 브랜딩은 1인 기업에게 '선택받는 힘'과 동시에 '선택할 수 있는 힘'을 만들어 준다. 이는 콘텐츠가 이미 나를 설명하고 있기 때문이다.

느슨한 연대는 1인 기업이 고립되지 않도록 돕고, 연결되고 함께 살아남게 만든다. 예를 들어, 나와 생각이 닮은 분과 DM 몇 번을 주고받다 '같이 해 보면 좋겠다'는 이야기로 시작된 프로젝트가 실제 성과를 만든 적이 있다. 그렇게 시작된 협업은 원데이 클래스, 소규모 세미나로 이어졌고 혼자였다면 어려웠을 기획들을 현실로 만들 수 있었다. 서로의 노하우를 나누고 격려하면서 성장 속도도 달라졌다. 무엇보다 비슷한 고민을 해 온 사람들이라는 공감 덕분에 정서적인 안정감도 생겼다. 느슨한 연대는 가볍게 시작되지만, 때론 단단한 팀보다 더 단단하게 나를 지탱해 준다.

이제는 어디에도 소속되지 않고도 살아남을 수 있는 시대가 됐다. 소속감이 사라지면 불안해질 수 있다. 하지만 그 불안은 어쩌면 내가 올바른 방향으로 가고 있다는 신호일 수 있다. 처음에는 모든 것을 혼자 감당해야 한다는 것이 막막하고 두려웠다. 과연 해낼 수 있을까 싶었다. 그렇게 혼자 일한 지 벌써 3년이 지났다. 지금은 더 자유롭게, 내 기준으로 선택하며 일하고 있다. 내 하루의 선택권을 내가 가진 삶을 살고 있다. 이걸 가능하게 만든 것은 퍼스널 브랜딩이다. 이제는 개인의 힘이 어느 때보다 강력해진 시대다. 혼자 되는 것을 두려워하지 말자. 우리는 원한다면 혼자서도 충분히 해낼 수 있는 시대에 살고 있다.

에필로그

지금 당신에게
의미 있는 일

우리는 인생의 많은 순간에서 '좋아하는 일'과 '잘하는 일' 중 무엇을 선택해야 할지 고민한다. 나 역시 그랬다. 사람마다 기준은 다르겠지만, 나는 그 두 선택지를 '효율성'이라는 잣대로 구분했다. 좋아하는 일은 결과가 불확실하고 비효율적인 일, 반면 잘하는 일은 적은 노력으로도 성과가 나는 효율적인 일이었다. 모두가 좋아하는 일은 취미로, 잘하는 일은 생계를 위해 선택해야 한다고 말한다.

그래서 나 역시도 '잘하는 일'을 택했다. 유튜브 콘텐츠를 만드는 일이 좋았지만, 결국 마케팅 부서 입사를 선택했다. 잘하는 일로 빠르게 성과를 낼 수 있을 거라 생각했다. 하지만 이상하게도 시간이 흐를수록 불안은 커졌다. 그 일에선 도무지 의미를 느낄 수 없었기 때문이다.

'과연 내가 3년 후, 5년 후엔 대체되지 않을 수 있을까?'

그 질문은 단순한 불안에서 비롯된 게 아니었다. 의미 없이 효율성만을 기준으로 선택한 일은 언제든 대체될 수 있었다. 효율성은 기능의 영역이었고, 기능의 효율성은 언제나 상대적이다. 과거에도 이런 사례는 수없이 많았다. 주판을 잘 만지던 사람은 계산기에 자리를 내주었고, 타자수는 워드 프로세서에, 번역가는 인공지능에, 디자이너는 자동화 플랫폼에 밀려났다. 나보다 빠르게, 정확하게, 싸게 일하는 존재는 계속 나타난다.

앞으로의 이 시대에 정말 중요한 것은 단순히 '누가 더 잘하느냐'가 아니라 '왜 그것을 하느냐'다. 의미 없는 효율은 결국 대체될 수밖에 없다. 하지만 의미가 있는 일은 쉽게 흔들리지 않는다. 의미는 몰입을 만들고, 몰입은 실력을 키우고, 그 실력은 나만의 감각으로 이어진다. 결국에는 나만이 할 수 있는 무기가 된다. 의미가 곧 대체 불가능함의 출발점인 것이다.

나 역시 처음에 콘텐츠를 만들 때는 수익도 성과도 없었다. 하지만 그 안엔 내 이야기가 있었다. 내 생각을 표현하고, 누군가와 연결되는 순간에서 의미를 느꼈다. 그래서 반응도가 없음에도 시

에필로그

속할 수 있었다. 그 일은 결과적으로 나를 브랜딩할 수 있게 만들었고, 대체 불가능한 존재로 성장할 수 있게 만들었다.

일본의 경영 컨설턴트 야마구치 슈의《일을 잘한다는 것》에서는 이런 내용이 나온다.

오늘날 사람들은 더 이상 효용 가치를 찾지 않는다. 개개인에게 의미 있는 상품과 서비스를 선택하는 쪽으로 이동하고 있다.

이는 단순히 소비의 흐름만을 말하는 것이 아니다. 우리는 이제 일을 선택할 때조차 의미를 중심에 두고 판단해야 하는 시대를 살고 있다. 내가 이 일에서 어떤 의미를 갖고 있는지가 분명해야, 소비자 역시 내가 제공할 상품과 서비스를 의미 있게 느끼도록 만들 수 있기 때문이다.

그렇다면 우리는 좋아하는 일과 잘하는 일 중 무엇을 선택해야 할까? '좋아하는 일을 하다 보면 결국 잘하게 된다'는 말을 흔히 듣는다. 하지만 내 경험상 좋아하는 일을 선택했다는 것만으로 모든 문제가 풀리지는 않았다. 단순히 좋아하는 일을 선택했지만 중간에 포기하는 경우도 많다. 가장 중요한 건, 그 일을 하며 어떤 의미를 발견했는가다. 의미는 좋아하는 일에서도, 잘하는 일에서도 만들어질 수 있다. 의미 없이 반복하는 일은 결국 우리를 지치게 만든다. 반대로 의미가 있다면, 처음엔 못해도 몰입할 수 있다. 그 몰입 속에서 감각이 생기고, 실력이 붙고, 결국에는 그 일에 나만의 색깔이 입혀지게 된다.

커밍쑨 채널을 운영하면서 수많은 시행착오를 겪었지만 퍼스널 브랜딩을 주제로 콘텐츠를 쌓는 것은 내게 분명한 의미가 있었다. '주인공이 되는 라이프스타일을 더 많은 사람들이 선택할 수 있게 돕고 싶다. 콘텐츠에 그 메시지를 담아 사람들에게 전해야 한다.' 내게 이런 의미가 있었기 때문에 서툴지만 계속해서 콘텐츠를 만들어 갈 수 있었다. 그 과정에서 실력이 쌓이며 나만의 감각적인 결과물이 생겨나기 시작했다.

원래 내가 꾸준히 할 수 있는 사람이어서 이렇게 해 나갈 수 있었을까? 분명히 아니다. 단지 나는 과거의 경험에서 내가 어디에서 의미를 느끼는지를 찾았다. 그렇게 찾은 의미는 나의 방향이 되었고, 흔들릴 때 중심을 잡아주는 힘이 되었다. 의미 있는 일을 선택한다는 건, 감정이 아니라 전략이다. 지금처럼 기술이 사람을 빠르게 대체하고 있는 시대일수록, 의미는 내가 살아남을 수 있는 가장 현실적인 생존 전략이 된다.

이런 질문을 할 수도 있다. '그렇다면 잘하는 일도, 좋아하는 일도 없는 사람은 어떻게 의미 있는 일을 찾아야 하나요?' 나 역시 처음에는 막연했다. 그때 나는 내 질투라는 감정을 따라가 보기로 했다. 질투는 방향을 알려주는 나침반일 수 있다. 누군가를 보며 불편한 감정을 느낀다면, 그 감정 속엔 종종 '나도 저렇게 하고 싶다'는 갈망이 숨어 있다. 나는 유튜브를 보다가 문득 이런 생각이 들었다. '이 정도 퀄리티로도 영향력이 있다고?' 솔직히 불편했고, 억울하기도 했다. 그런데 곱씹어 보니, 그건 사실 부러움이었다. 그래서 따라 해 보기로 했다. 똑같이 영상을 찍고, 편집해서 올려 봤다. 5분짜리 영상을 만드는데 10시간이 걸렸지만, 이상하게도 재미있었다.

누군가가 댓글을 달고, 고맙다고 말해 주었을 때, 알 수 없는 기쁨이 밀려왔다. 그렇게 계속 콘텐츠를 만들어 가다 보니 내가 어디서 진짜 의미를 느끼는지 비로소 알게 됐다. 나는 단순하게 게임을 하는 게 아니라, 내 아이디어를 콘텐츠로 표현하는 일에서 의미를 느끼고 있었다. 그렇게 우연히 질투라는 감정에서 내가 어디서 의미를 갖는지에 대해 깨달았다. 그리고 그때의 경험이 지금의 커밍쏜으로 이어졌다.

의미 있는 일은 단순한 감정이 아니라 방향이다. 의미가 생긴다면, 그 시작은 좋아하는 일이 될 수도, 잘하는 일이 될 수도 있다. 핵심은 내가 그 일에 시간을 들여도 아깝지 않은가, 감정을 담을 수 있는가, 서사를 쌓을 수 있는가에 있다. 그렇게 모든 것이 빠르게 대체되는 시대에도 대체 불가능한 존재가 된다. 내가 하는 일이 어떤 의미를 가지는가에 따라 나의 색깔이 만들어진다.
지금 당신이 하고 있는 일은, 당신에게 어떤 의미가 있는가?

결국 내가 주인공이 되는 시간이 커밍쏜.

에필로그

퇴사 후 나를 브랜딩합니다
: 내 인생의 주인공이 되어 기회와 수익을 극대화하는 법

1판 1쇄 발행 2025년 11월 5일
1판 3쇄 발행 2025년 11월 12일

지은이 커밍쏜

발행인 양원석 **편집장** 권오준 **책임편집** 이건진
디자인 강소정, 김미선 **영업마케팅** 조아라, 박소정, 김유진, 원하경, 정민지

펴낸 곳 ㈜알에이치코리아
주소 서울시 금천구 가산디지털2로 53, 20층 (가산동, 한라시그마밸리)
편집문의 02-6443-8831 **도서문의** 02-6443-8800
홈페이지 http://rhk.co.kr
등록 2004년 1월 15일 제2-3726호

ISBN 978-89-255-7302-1 (03320)

※ 이 책은 ㈜알에이치코리아가 저작권자와의 계약에 따라 발행한 것이므로
   본사의 서면 허락 없이는 어떠한 형태나 수단으로도 이 책의 내용을 이용하지 못합니다.
※ 잘못된 책은 구입하신 서점에서 바꾸어 드립니다.
※ 책값은 뒤표지에 있습니다.